KB271721

이종두의 음양지기

이종두의
음양지기
陰陽地氣
이종두(한국명당지기협회 회장) 지음
이코노믹북스

경북 성주군 대가면 칠봉산 골짜기 산골마을이 저자의 고향이다. 당시는 모두 합쳐야 20여 채 되는 조그만 집성촌이자 전기도 들어오지 않던 시절이다. 그곳에서 고성 이씨 종갓집 3남1녀 중 막내로 태어났다.

서울로 상경한 것은 14살 때 일이다. 초등학교 졸업 직전, 부친의 사업 실패로 중학교를 진학하지 못해 서울행을 택했다. 코흘리개 나이였던 저자는 서울 구로공업단지 프레스공장에 한달 급여 3,000원의 공원으로 사회에 첫발을 내딛었다.

어린 나이, 사회생활은 힘겨웠다. 남들이 흔히 말하는 공원 생활 6년 차에 배우지 못한 설움을 이기고자 주경야독으로 검정고시를 준비, 1년 8개월 만에 중(3년)·고등학교(2년)를 졸업했다.

'하루 2시간 자는 것도 행복이다' 생각하며 그 해 고등학교 3학년 과정을 마치지도 못한 채 예비고사를 치렀고 오산대학 기계공학과에 입학했다.

대학에 입학했다는 기쁨도 잠시, 난생 처음 대학 문을 밟았으나 적성에 맞지 않는다고 판단해 2학기에 휴학하고 다시 예비고사에 도전했다. 이듬해 단국대학 천안캠퍼스 법정대학에 입학, 실로 가슴 벅차게 대학 문을 들어섰다.

대학에 들어간 나는 고시의 꿈을 안고 학업에 정진했으나 오래 가지 못했다. 부모님을 비롯, 온 가족이 호구조차 어려웠던 탓이다.

때문에 휴학한 후 육군에 입대, 군 복무를 마치고 복학 기간 동안 남은 4개월은 공장 증축현장 노동 일로 돈을 모은 후 복학했다. 복학 후 고시준비에 분주한 나

날들을 보냈다.

하지만 그 준비도 오래 가지 못했다. 현실 앞에 또다시 학업을 중단한 채 돈을 벌어야 했기 때문이다. 돈을 벌어야 한다는 일념으로 신혼 전셋돈 200만 원과 고마우신 집주인으로부터 1,000만 원을 융통, 도시락 회사를 창업했다.

사업은 순조로웠다. 각고의 노력 끝에 아시안게임 및 올림픽에도 납품했다. 삼성을 비롯한 수도권의 관련업계 시장을 30% 이상 점유하는 기록도 세웠다.

문제는 '순풍에 돛 단 듯한' 항해가 그리 오래 가지 않았다는 점이다. 젊은 혈기와 돈을 향한 끝없는 욕망이 결국 분수에 맞지 않게 마음에 교만함을 키웠다.

그 결과 유스호스텔(청소년수련원) 사업의 무리수를 두게 됐다. 결국 단 한 번의 교만으로 수년 간 노력의 결과를 땅속에 묻어버리는 결과를 초래했다. 그 후 경기도 장호원 과수원 농사와 개 사육으로 1년을 보냈다.

그 해 다시 서울로 상경, 토목회사를 운영하며 또다시 몇 년을 노력해 군포시 산본 신도시에 건물을 세웠으나 금전 운은 여전히 따라 주질 않았다. 준공한 지 2개월이 지나지 않아 'IMF'라는 청천벽력을 맞고 말았다.

건물을 살려야 한다는 일념으로 난생 처음 지하층을 술집으로 허가받아 운영했다. 그러다가 아가씨 선불금을 줄 돈이 부족해 지배인의 미성년자 고용을 알면서 묵인, 두 차례나 수원구치소 생활을 했다. 은행대출금 이자 상환에 눈먼 것이 화근이었다.

인생이 허무하고 그 동안 배고픔과 싸워가며 배우고자 노력했던 밤을 지새운 수많은 날들이 주마등처럼 스쳐갔다. 순식간에 '전과자'라는 낙인만 남게 된 자신이 한스럽고 부끄러웠다.

때문에 죽기를 수 차례 시도했다. 하지만 그때마다 가엾은 어머님의 얼굴과 처자식이 눈에 밟혀 성공하지 못했다.

그제야 자만과 교만함에 가득 찬 내 인생을 발견하고 나의 모든 욕심과 교만을 비울 수 있었다. 이로 인해 가난하지만 부모님을 모시고 공경하며 행복한 몇 년을 살 수 있었다.

'세상만사 마음먹기'다. 하루종일 고된 노동 끝에 시장에 들러 부모님 드실 순대 2,000원과 처자식 먹일 순대 2,000원 어치 두 봉지를 들고 사랑하는 가족이 있는 집으로 향했다. 그때마다 그 순간이 가장 행복하고 아름다운 저녁이었다는 생각이 든다.

돌이켜보면 조부모님 돌아가시고 고향에 모신 후 부친께서 사업에 실패하시고 형제들 역시 각고의 노력을 했다. 그럼에도 고조부 때 이루셨던 천석군의 영광을 되찾지 못했다.

그러기는커녕 성공의 직전에 뜻하지 않는 환란이 되풀이되면서 팔자 탓만 할 수밖에 없었다. 집안도 항시 먹구름 속에 싸인 생활을 반복했다.

내가 마음의 안정을 찾은 것은 2004년 담도암으로 고생하시던 어머님이 돌아가시고 화장하여 일산 '청아공원'에 모신 후부터다. 이때부터 마음이 편해지고 우연히 조상 모시는 사업인 납골묘 사업을 무일푼으로 시작하게 됐다. 그 계기로 풍수와 역학을 공부하게 됐다.

모친께서 항시 나의 주위에 계시는 것처럼 짧은 기간에 수천 년 역사의 풍수, 역학, 수맥을 이해하고 사단법인 한국수맥협회 기술자문위원 겸 양재교육원원장으로 수맥 전문가가 됐다. 어쩌면 이것이 어머님·아버님께서 불효자식에게 주신 큰 선물이란 생각에 밤을 지새우고 전국을 돌았다. 처음엔 땅에서 방출되는 나쁜 기운은 수맥인 줄 알고 연구를 했다.

그 결과 노력 끝에 그 동안 선배재현(先輩再現)들께서 풀지 못한 땅속에서 방출되어 올라오는 지기(양기·음기)의 신비하고 비밀스러운 하늘의 이치를 깨닫게 됐다.

이를 과학적으로 입증하기 위해 전국의 전·현직 대통령의 부모님 산소와 생가 터를 조사하고 차기 대통령 후보들 역시 부모님 산소와 생가 터를 조사한 다음 숨겨진 비밀의 열쇠를 찾을 수가 있었다.

예전에 고서로만 접하던 왕(大統領 : 대통령)은 하늘이 내리며 내년 대선 역시 하늘이 내린 어느 분이 대통령이 될 것인지를 미리 알 수 있는 재연성을 확인한 셈이다.

뿐만 아니다. 거부(巨富)도 하늘이 내린다는 사실 역시 재벌 회장이 태어난 생가 터를 연구한 결과 어떤 터가 재벌이 나는 터인지 명확하게 알게 됐다. 암 · 중풍 · 당뇨 등 질병의 첫째 이유가 누워 자고 앉는 터에 기인한다는 무서운 사실도 밝혀냈다.

전국에 장수하시는 어른들 역시 그 첫째가 눕고 앉는 터에 원인이 있다는 사실을 알게 됐다. 성공하고 실패하는 기업들 역시 그 터가 원인이라는 사실을 발견하게 되었으며, 이처럼 인간의 생로병사와 길흉화복의 근본 원인이 수맥이 아니라 지기와 천기가 공기중에 서로 화합하여 형성된 양기와 음기 때문인 사실을 알게 되었다.

나는 고민 끝에 이 사실을 세상에 알리는 것이 하늘의 뜻이라 생각했다. 때문에 아이에서 어른까지 일반인이 이해하기 어려운 주역이나 지리학 등 전문용어들을 생략하고 누구나 알기 쉽게, 저자의 말이 사실인 것을 직접 확인할 수 있도록 책을 발간하기로 결심했다.

나는 이 한 권의 책으로 이 세상 모든 사람들에게 양기 · 음기가 인간에게 미치는 영향을 알리고 감정하는 법과 피하는 법, 처방안 등을 공개하여 이를 생활에 유익하게 이용할 수 있도록 하고 싶었다. 또한 사람이 병으로부터 고통받지 않고 장수하며 편안하고 부유한 삶을 사는 데 도움이 되도록 해야 한다고 생각했다.

이 책이 누구에게나 장수하며 부유하게 우환 없이 행복한 삶을 사는 데 안내서가 되기를 기원한다.

아울러 현재까지 세간에 알려진 그 어떤 훌륭한 이론과 서책보다도 나의 지기(양기·음기)이론이 단 1%의 조작도 없는 재연성이 명확한 과학적 대발견이라 확신하며 각론에서 상세하게 기술하고자 한다.

독자 여러분! 이제부터는 절대 자신의 운명이나 팔자를 한탄하지 말고 누구든지 장수하며 재벌이 되고 자식을 대통령에 버금가는 훌륭한 인재로 만들 수 있다.

지구상의 조그만 한국이 지기(양기·음기)의 발견으로 전세계 만방 각계, 각 분야에서 최고의 위상을 떨치며 최고의 부자들만 모여서 장수하는 나라가 되고, 내가 개발한 음기차단제인 양명기석이 석유보다 수십 배 이상의 고부가가치의 소중한 자원으로 전세계 사람들에게 질병과 가난의 고통에서 벗어나게 하는 처방제로 수출하여 한국이 전세계에서 일등국가가 되는데 보잘 것 없는 나와 내가 저술한 이 책이 일조를 할 것이라 확신한다. 아울러 독자 여러분 각 개인이 모두 편안하고 장수하며 부자로 행복하게 사시길 기원한다.

또한 나의 피나는 연구와 협회 동지들의 도움으로 이룩한 이 지기학의 이론과 학설이 뉴튼의 만류인력의 법칙이나 아인슈타인의 상대성 이론, 에디슨의 전기발명보다도 인류생활에 훨씬 더 크게 영향을 미치는 발견이라고 나는 확신한다. 코웃음을 치시는 분들이 거의 대부분이겠지만 이 책을 다 읽고도 코웃음을 칠 수 있을지 되묻고 싶다.

이 책을 타 서책처럼 흥미위주나 일부 지식 충족의 수단으로 사용하지 말고 각 가정에서 그 무엇보다 소중하게 보관하여 실생활에 유용하게 응용하실 것을 권장한다.

병술년 여름 서울 양재동에서
한국명당지기협회 회장 이종두

차 례 • • •

■프롤로그 | 5

제1장 사주 · 운명을 결정짓는 원인은 지기

지기와 사주 | 17
지기(양기, 음기)의 실체 | 21
양기와 명당, 음기와 흉지 | 27
지기 감정요령과 음기 처방방법 | 39
기구(다우징로드, L - 로드)를 이용하여 지기를 감정하는 방법 | 43

제2장 대통령은 지기를 통하여 하늘이 내린다
(전 · 현직 대통령편)

대통령이 되는 조건 | 53
이승만 전 대통령 | 57
윤보선 전 대통령 | 60
박정희 전 대통령 | 65
전두환 전 대통령 | 70
노태우 전 대통령 | 76
김영삼 전 대통령 | 80
김대중 전 대통령 | 84
노무현 대통령 | 91

C·O·N·T·E·N·T·S

제3장 대통령은 하늘이 지기를 통하여 정한다

(전 · 차기 대통령 후보편)

97 | 춘추전국시대 전초전
102 | 김종필 전 총재
106 | 이회창 전 총재
108 | 고건 전 총리
111 | 이명박 전 서울시장
114 | 정동영 전 의장
117 | 정일형 박사

제4장 재벌회장은 하늘이 지기를 통하여 내린다

(재벌회장편)

121 | 재벌이 되는 조건
124 | 재벌들의 여섯 가지 공통점
128 | 롯데 신격호 회장 생가
130 | 삼성 이병철 창업주 생가
133 | 한화 김승연 회장 생가
135 | LG 구본무 회장 자택
137 | 농심 신춘호 회장 자택
139 | 현대 정몽헌 회장 전 자택
143 | 삼성 이건희 회장 자택
146 | 두산 박용성 회장 자택
149 | 한국명당지기협회 이종두 회장 생가

제5장 성공과 실패는 지기에 있다
(대기업 사옥편)

사옥 터는 기업 성패 첫째 조건 | 155
삼성 본관 | 157
삼성생명 | 161
롯데그룹 본사 사옥 | 162
롯데호텔 | 163
현대그룹 사옥 | 164
(구)삼풍백화점 자리 | 166
현대기아자동차 사옥 | 168
농협하나로클럽 | 170
LG쌍둥이 사옥 | 171
한화그룹 사옥 | 173
두산그룹 사옥 | 176
포스코 | 178
여의도 순복음교회 | 179
SK그룹 | 180
효성그룹 | 182
××생명 | 184
63빌딩 | 185
(구)××그룹 | 186
(구)기아자동차 | 187
대우그룹 | 189
(구)동아그룹 | 190
(구)거평그룹 | 192
대림산업 | 193
(구)한보그룹 | 194
타워팰리스 | 195
호암아트홀 | 197
영국대사관 | 199
조계종 본당 | 201

제6장 지기가 인생의 운명을 좌우한다

(일반인편)

205 │ 보금자리를 명당 터에 마련하는 이유

207 │ 주택과 장수의 함수관계

210 │ '양기'는 인생을 밝게 한다

213 │ 인생을 망치는 '음기'

216 │ '장수비법'은 따로 있다(장수인편)

236 │ '장수비법'은 따로 있다(명당 터편)

240 │ '장수비법'은 따로 있다(환자편)

255 │ '장수비법'은 따로 있다(흉지편)

259 │ '장수비법'은 따로 있다(산소편)

264 │ '장수비법'은 따로 있다(화장편)

제7장 부록 음기를 양기로 바꾸는 법 : 행복하게 사는 비결

271 │ 지기는 명당 · 흉지를 결정짓는 원인

272 │ 지기를 유익하게 활용한 실사례

274 │ 대통령이 되는 조건

277 │ 재벌이 되는 조건

279 │ 재벌을 유지시키는 방법

282 │ 장수하는 조건

285 │ 음기를 양기로 바꾸는 처방

287 │ 지기실험 실례

293 │ ■에필로그

제1장

사주 · 운명을 결정짓는 원인은 지기

1

__지기와 사주

사람은 누구나 태어날 때 각자 다른 사주를 가지고 태어난다. 하물며 같은 날 같은 시에 태어난 사람도 각자 그 삶의 결과가 다르다. 이 같은 결과가 초래되는 까닭은 분명히 다른 이유가 있기 때문이다.

그러나 고대로부터 현재까지 동양철학을 연구하는 그 어떤 역학의 대가도 그 이유를 명확하게 설명하거나 납득할 만한 이론이나 학설을 발견한 사람이 없다.

그 이유는 사주의 기본인 천간(10간)과 지지(12지)를 합친 60갑자를 놓고 연구를 해도 그것으로는 같은 날 같은 시에 출생했는데도 삶의 결과가 다른 이유를 밝히지 못한 탓이다.

반면 분명한 것은 저자는 그 이유를 명확히 알고 있다는 점이다. 따라서 이 저서를 통해 지금부터 이를 설명하고자 한다.

사주의 굴레와 운명

세상에는 각양각색의 인생을 사는 사람들이 존재한다. 일례로 사람은 사주상 부유한 집이나 가난한 집에서 태어나기도 한다.

그런가 하면 대통령의 아들로 또는 거지의 아들로도 출생한다. 성장할 때도 부유해 귀히 대접받고 여유 있는 좋은 환경에서 자라며 공부하고 사회생활을 하는 사람도 많다. 물론 같은 띠의 사람이라도 인생이 다르다. 이는 저마다 사주가 다르기 때문이다.

사실 사람들은 앞날을 모르고 세상을 살고 있다. 하지만 유심히 살아온 과거를 돌아보면 공통적인 점을 발견할 수 있다. 누구나 사주의 틀을 벗어나지 못하고 타고난 사주의 굴레 안에서 인생을 살고 있다는 사실이 그것이다.

몇 가지 실례를 들어보자.

우선 태어날 때부터 부잣집에서 유복하게 태어난 사람은 태어날 때 사주가 좋은 사람이다. 반면 가난한 집에서 태어나 고생하며 자란 사람은 태어날 때 재운이나 부모의 복 없이 자수성가하는 사주를 갖고 있다.

만일 공부를 열심히 하지만 시험에 떨어진다면 사주상 관운이 없는 사람이다. 좋은 아이템으로 열심히 사업을 하지만 성공하지 못한다면 사주상 재운이 들지 않았을 때 사업을 자기 자신만 믿고 한 사람이다.

암이나 큰 병에 걸린 사람은 사주상 건강을 해칠 운세로 인해 그때에 병이 든 것이다. 열심히 공부해서 시험에 합격, 입신하는 사람은 그때 사주상 관운이 왔기 때문이다.

살다가 어떤 연유에서건 경찰서나 검찰에 왕래하는 경우가 있다. 이것은 그때 사주상 관재수가 있어서 그런 것이다. 사랑하는 가족 중에 누군가가 죽는 것은 사주상 그때 식구 이별수가 있으므로 해서 생긴 일이다.

이처럼 사람은 길고도 짧은 인생을 사주팔자의 굴레 안에서 벗어나지 못하고 있다. 태어날 때부터 본인의 의지와는 상관없이 정해진 분수라는 단어에 맡게 생활하며 살고 있는 셈이다.

결국 운명이란 단어를 수없이 되뇌이면서 '경사든' '애사든' 팔자 탓이라고 여기며 운명에 순응하면서 살 수밖에 없다.

사주를 결정짓는 근본원인

흔히 사람을 만물의 영장이라고 한다. 그 어떤 성현과 백가서도 무엇보다 소중한 것이 만물의 영장인 사람이라고 말한다.

그럼에도 문제는 각 개인의 타고난 사주팔자와 운명을 바꿔 병들고 가난하게 타고난 사주를 장수하고 부유하며 행복한 인생을 살 수 있도록 도움을 주는 것이 없었다는 사실이다.

때문에 저자는 이를 이치적으로 파악하기 위한 방법 모색에 관심을 갖게 됐다. 또한 노력한 결과 돌아가신 부모님의 도움으로 팔자를 바꿀 수 있는 비밀의 열쇠를 풀게 됐다.

"아! 이것이 바로 사주팔자를 결정짓는 근본 원인이구나."

저자는 그 원인이 '지기'이고, 지기의 양기·음기가 사주팔자와 함께 사람을 통해 운명을 결정짓는 매개체였다는 것을 발견했다. 그 이치를 지금부터 독자들에게 알려주고자 한다.

그 첫째는 재운이 온 사람의 경우다. 이 경우는 재운이 온 전·후, 자신도 모르게 우연히 사는 집에 재문이 열리고 양기가 가득한 명당으로 이사하게 되었기 때문이다.

그 양기의 영향으로 사업장소 또한 재문이 열려 있는 양기의 장소에서 사업을 벌여 밝고 편안한 마음으로 같은 양기의 사람을 우연히 선택, 그들의 도움으로 하는 일마다 돈 벌고 성공하게 된다.

둘째는 사주상 몸이 상하는 사람의 경우다. 이 경우는 그때 우연히 이사하거나 옮겨서 잠자는 방이 음기가 가득해 체내에 병적 유전인자가 활발해져 병에 걸리게 된다.

셋째는 사주상 재운이 나가고 관재수가 든 사람의 경우다. 이 경우는 그때 우연히 돈 벌고 좋았던 양기의 집을 버리고 음기가 가득한 재물이 새는 집으로 이사를 했기 때문이다.

이 같은 사람은 그 음기에 익숙해지기 때문에 본인에게 손해 입히는 음기의 사람을 선택해 재물을 손해보고 관재수에 휘말려 경찰이나 검찰에 불려다닐 수밖에 없다.

넷째는 사주상 입신이 든 사람의 경우다. 이때는 공부하고 잠자는 방이 양기가 가득한 명당에서 거처하여 편안한 마음으로 공부에 집중, 시험에 합격하게 된다.

이런 사람은 시험 보는 장소에 우연히 배정받은 책상자리 역시 양기가 방출되는 명당에 배정받아 갈고 닦은 실력을 십분 발휘하여 합격한다.

다섯째 부모님 사후에 운이 좋은 사람의 경우다. 이런 사람은 후손이 발복하는 양기가 가득한 명당자리에 모셨기 때문이다. 반면 운이 쇠한 사람은 무엇이 시킨 듯 부모님 시신이나 화장한 유골을 음기가 가득한 흉지에 모시는 경우가 태반이다.

이처럼 누구나 지나온 삶을 돌이켜보면 사주팔자와 운명을 결정짓는 원인이 지기라는 사실을 명확하게 알 수 있다. 다만 이처럼 중요한 지기에 상식이 없었고 바로 그 무지 때문에 수천 년 동안 만물의 영장인 인간이 불행과 질병에 노출되어 살았다.

그러나 이제는 저자를 통해 그 누구나 소중한 인생을 타고난 사주팔자와 운명을 사전에 예방 또는 조치해 행복하고 즐거운 인생을 살 수 있기를 희망한다.

__지기(양기, 음기)의 실체

땅속에서 올라오는 기운과 파장은 양기와 음기로 분류할 수 있다. 이 중 양기란 것은 땅속에서 올라오는 사람에게 유익한, 따뜻하고 좋은 기운을 말한다.

양기가 올라오는 장소는 저자가 조사한 결과 전세계 그 어떤 곳에서든 동일하다. 바다나 강처럼 고여 있고 담수되거나 흐르는 물 위에서도 땅 위에서처럼 동일하게 방출되어 지상으로 올라온다.

이 같은 양기는 사람의 기운과 파장이 동일하며 인체를 유익하게 하는 (+)성질의 파장도 동시에 수반하여 올라온다. 이런 사실은 저자가 기(氣) 테스트나 오링 테스트 등 여러 가지 실험결과로 확인했다.

이런 양기는 사람의 눈에는 보이지도 않고, 냄새도 없으며 만져지지도 않는다. 다만 감각이 고도로 발달되고 영이 맑은 경지에 오른 스님이나 기독교 · 천주교 그 외 각 종교단체 및 각 분야에서 수행의 경지에 오른 분들은 감각으로 기운을 느끼거나 감지할 수 있다.

실제 저자는 한국명당지기협회 회원들과 전 · 현직 대통령, 재벌의 부모님 산소, 생가 및 사회 각계의 계파를 초월한 종교시설의 터나, 양택의 기준인 집터, 사옥 터, 사무실을 포함하여 관공서, 사업장 터를 총괄 조사했다.

그 결과 터가 좋은 곳은 사람이 건강하며 밝고 혈색이 좋았으며 부흥이 잘 되고 돈을 벌었다. 또한 성공한 곳의 터는 음기가 없고, 눈에 보이지 않지만 땅으로부터 올라오는 지기가 양기로 명당이었다.

저자는 이 같은 결과를 토대로 양기가 세상의 그 어떤 것보다도 사람이나 동·
식물, 어류 등 세상 생명이 있는 만물에게 가장 중요한 것이며 소중한 것이라고
주장한다.

일례로 불교계의 유명한 사찰 중 박정희 전 대통령이나 정주영 전 현대그룹 창
업주 등 고인의 영정을 봉안한 대웅전을 포함해 도선사의 불전 및 사찰 전체의 전
각이 자리한 모든 건물의 앉은 터는 양기가 가득했다. 이는 저자와 한국명당지기
협회 회원들이 확인한 바이다.

여의도 순복음교회를 비롯한 영락교회 등도 역시 교회 성전 건물 전체가 양기
가 가득한 명당인 것을 확인했다.

성공한 기업들의 사옥이나 사무실, 공장 등의 건물이 자리한 터 역시 양기가 가
득한 명당이라는 것도 발견했다. 대통령이 출생하거나 고시에 합격하고 출세, 성
공한 분들이 태어나 자라고 공부한 집과 방 역시 명당이라는 사실도 찾아냈다.

사실 지금까지 인류 역사상 그 어떤 학자도 인간생활에 영향이 지대하고 필요
한 양기에 대해 인식시키고 경각심을 주며, 안내하는 학문이나 연구가 없었다.

또한 이를 저자처럼 구체적이고 실제 생활에 적용할 수 있도록 재연시킨 사례
도 전무했다. 때문에 사주팔자와 운명만을 탓하며 살아왔던 것이다.

양기의 성질

그러면 양기의 성질은 어떠할까. 저자가 확인한 바에 따르면 양기의 성질은 크
게 다섯 가지로 분류할 수 있다.

첫째, 양기는 사람이 부모님을 통해 태어날 때 체내에 형성된 DNA(유전인자)
중 건강하게 하고 몸을 좋게 하는 세포(우성 유전인자)를 활성화시켜 주고, 병적
세포 즉 열성 유전인자(암, 당뇨, 풍, 고혈압)를 억제시키는 역할을 하는 성질의 기
운이다.

둘째, 양기는 사람으로 하여금 좋은 성격의 소유자로 모든 분야에서 성공하도록 하는 성질의 기운이라고 할 수 있다.

예컨대 태어날 때 형성된 유전적 성격과 기질 중에서 편안하고 밝으며 온화하고 활발한 적극적인 심성을 활성화시켜 준다. 아울러 침울하고 우울하며, 거칠고 난폭한 성격으로 집중력이 떨어지는 어두운 심성을 억제시켜 주기도 한다.

셋째, 양기는 동·식물과 어류에게도 영향을 미쳐 윤기가 흐르며 건강하게 잘 자라게 하는 성질의 기운이다.

넷째, 양기는 사람이 기거하여 잠자고, 생활하며 일하는 곳이 양택으로 돈을 벌 수 있도록 재문을 열어주는 역할을 하는 성질의 기운이다. 재물이 새거나 사고가 나지 않도록 우환과 환란을 막아주는 성질의 기운도 갖고 있다.

다섯째, 양기는 돌아가신 분의 유택(산소, 납골묘, 납골당)과 위패를 모신 제각에 좋은 기운을 공급, 혼백을 편하게 하여 후손을 발복하는 성질의 기운이다.

이처럼 저자가 새로운 지기학의 이론을 주장할 수 있는데는 그만한 근거가 있기 때문이다. 그 근거는 여러 경로를 통해 확인했다.

그 근거로 꼽을 수 있는 것은 전·현직 대통령이 태어나 자란 집의 터와 각 재벌회장들이 태어난 터, 성공한 기업들의 사옥 및 공장 터, 열심히 공부해 입신한 사람들이 예외 없이 전원 양기가 가득한 명당의 기운을 받고 있었다는 점이다.

예컨대 그들이 공부하고 잠자는 자리, 돈을 벌고 잘 되는 식당이나 모든 사업장의 터와 그 분들의 자택 출입구와 안방 입구, 잠자리 등이 양기가 가득한 명당이었다.

그 분들의 부모님 산소 역시 양기가 가득한 명당에 모셔져 있었으며, 전국의 90세 이상 장수하는 분의 잠자리 터 또한 단 한 명의 예외 없이 양기가 가득한 명당에 자리잡고 있었다.

음기의 성질

반면 음기는 차고 냉하며 음하고 우울해 거칠고 좋지 못한 나쁜 성질의 기운이다. 이 같은 성질은 사람과 동·식물 등으로 하여금 병들게 하고 망하게 하며 싸우게 하고 실패하는 기운을 갖게 한다. 이 음기 속에는 수맥파도 일부 포함되어 있다.

그러면 실제 음기는 어떤 성질을 갖고 있을까.

일단 음기는 사람이 부모님을 통해 태어날 때 체내에 형성된 DNA(유전인자) 중 건강하게 하는 세포를 억제, 위축시키고 병적 세포(암, 중풍, 당뇨, 혈압 등)를 활성화시켜 사람을 병들게 하는 성질의 기운을 갖고 있다.

또한 음기는 차고 냉하며 어두운 성질의 기운으로 태어날 때 부모님으로부터 물려받은 성격 중 밝고 좋은 성격을 억제시키고, 좋지 못한 성격을 활성화시키는 기운이다.

이 때문에 거칠고 난폭하며 우울하게 하는 좋지 못한 성격을 형성, 자살하게 하고 실패하게 하는 (−)성질의 기운의 파장이라고 할 수 있다.

사람이 기거하며 사업하는 양택에 들어오는 재문을 닫고 밖으로 새어나가는 재문을 열게 하여 돈을 손해보게 하거나 실패하는 성질의 기운도 역시 음기다.

음기는 공부하는 학생이나 입시 또는 고시 준비하는 사람들로 하여금 차고 냉하게 느끼고 불안하게 하며 피곤하고 힘들게 해 집중력이 떨어지게 하고, 밖으로 내몰아 실패하게 하는 성질의 기운을 갖고 있기도 하다.

동·식물, 어류에도 영향을 미친다. 동·식물, 어류를 병들게 하고 시들게 하며 원인도 모르게 폐사시키는 성질의 기운도 음기다. 음기는 돌아가신 분의 유택(산소, 납골묘, 납골당)을 차고 냉하게 하여 고인의 혼백이 편하지 못하게 할 뿐더러 후손에게 환란과 우환이 오게 하는 성질의 기운도 있다.

저자가 이처럼 주장하는 근거 역시 여러 경로를 통해 확인한 결과에 따른 판단이다.

그 실례로 꼽을 수 있는 것이 전국에 거주하는 암이나 풍, 당뇨, 고혈압 등 질병에 고통받는 환자들의 병들기 전 잠자는 자리 터의 기운이다. 100명 중 단 1명의 예외 없이 음기가 강하게 올라오는 곳에서 잠자고 앉아 생활하고 있었다는 점이다.

수술 후에도 양기가 있는 곳에서 잠자는 분들은 재발이 되지 않는 반면 재발된 분들은 전원이 음기가 강하게 올라오는 방에서 잠자고 앉아서 생활한 것으로 확인됐다.

1년 동안 실험한 결과 음기가 강한 곳에서 잠자는 암 수술 환자와 수족이 마비된 중풍환자에게 저자가 개발한 '양명기석' 으로 처방, 음기를 양기가 가득한 명당으로 바꾼 후 생활한 환자는 현재 혈색이 좋고 몸이 따뜻하게 변하여 치료되었으며 재발 없이 건강하게 생활하는 것도 확인했다.

뿐만 아니다. 부도난 기업주가 부도 당시와 수년 전 산 집과 부도난 대기업 사옥 터를 감정한 결과 단 한 곳도 예외 없이 재문이 닫혀 있고 음기가 강한 곳이란 것을 발견했다.

실제 가까운 근처의 상가들을 조사해 보면 장사가 잘 되는 곳은 양기가 가득해 입구 재문이 열려 있는 곳이고, 장사가 되지 않고 망하는 곳은 입구 재문이 닫혀 있고 그 분들의 집 역시 같은 형편에 처한 사람들이다.

가족 중 사고가 나고 우환이 생긴 분들은 전원이 예외 없이 그 부모님이나 조부모님 형제들의 유택(산소, 납골묘, 납골당)이 음기가 강한 곳에 있는 것을 확인했다.

수맥(수맥파)의 성질

수맥파는 지하 땅속에 흐르는 물길 속에서 흘러가는 물의 압력과 진동 때문에 땅 위로 방출되어 올라오는 파장의 일종이다. 그 파장은 지구와 인체 고유파장과 다른 이상파장으로 차고 냉하며 동·식물과 사람을 해롭게 하는 성질의 파장으로 양기 중에는 없고 음기 중에 일부분 파장으로 존재하며, 수맥이 없는 곳에도 음기는 존재한다.

따라서 수맥 그 자체가 해로운 것이 아니라 수맥의 영향으로 땅 위로 방출되어 올라오는 파장이 해롭다는 말이다. 게다가 수맥으로 인해 땅 위로 방출되어 올라오는 파장이 사람이나 동식물의 성장발육에 영향을 미치는 점은 이해하나 사람을 망하게 하고 흥하게 하는 점에는 객관성이 부족하다. 수맥이 없는 곳에도 음기는 있으며 이러한 사실로 볼 때 수맥파는 음기 중의 일부분이라고 필자는 생각한다.

__양기와 명당, 음기와 흉지

저자가 발견한 명당 이론의 지론은 '진정한 명당은 바로 지기(地氣)에서 비롯된다' 는 사실이다. 예컨대 관산법으로 아무리 명당이고 정남향 또는 동남향이라고 하더라도 정작 그 터의 지기가 음기(陰氣)인 곳은 흉지이고 그 터의 지기에서 양기가 나는 곳이 명당이다.

이는 물론 수천 년 동안 풍수역학계의 선배재현께서 주장하는 것과는 다르다. 선배재현들이 주장한 음택(陰宅)·양택(陽宅) 명당의 기준이 방향이나 관산법상 외관(겉모양)에만 집착, 혈을 선정했다는 것이 저자의 생각이다.

명당은 지기에서 비롯된다

사람은 누구나 태어날 때 아버지의 정자를 받아 어머니의 배를 통해 세상에 나온다. 한마디로 부모님의 유전인자를 물려받아 태어나게 된다. 다시 말해 유전인자를 통해 건강하며 장수하는 세포와 반대로 암을 비롯한 병적인 유전인자를 동시에 갖고 태어나는 셈이다.

이때 편안하고 왕성하며 밝은 양기의 기운과 불안하고 침울하며 쇠약한 음기의 기운 역시 동시에 수반하고 태어난다. 하지만 실제 자라고 성장하면서 결과는 모두 다르다. 그 원인은 바로 각자가 누워 자고, 앉고 생활하는 터의 지기에 있다.

예를 들어 A라는 사람이 태어날 때 그 집의 지기가 양기 가득한 곳에서 태어나 양기 가득한 곳에서 잠을 자고 공부하는 방 역시 양기가 가득한 곳에서 공부하고 있다고 하자.

이런 경우 일단 체내에 있는 불안하고 침울하며 쇠약하고 병적인 음기 기질은 몸 속에서 활성화되지 못한다. 반면 건강하고 장수하며 밝은 양기의 기질이 활성화된다.

때문에 혈색이 좋고 건강하며 마음이 편안하고 공부에 집중이 잘 된다. 심성 또한 착하며 매사에 긍정적인 사고와 행동이 앞서는 행태를 보인다.

만일 이런 사람이 고시를 보면 고시에 합격한다. 사업을 하면 본인이 양기에 익숙하기 때문에 이롭게 하는 같은 양기 기운의 사람을 선택하게 되어 사업에 성공한다.

반대로 태어나 자라고 공부하며 자는 곳의 지기가 음기의 터라면 암이나 병적 세포가 활발해지고 건강한 세포는 점차 죽어가게 된다.

이 때문에 병에 쉽게 걸리고 음기의 방에서 공부하면 마음이 불안해 집중이 되지 않고 자꾸 밖으로 돌게 되며 저절로 화가 나고 포악해지는 성격을 갖는다.

이런 사람은 사업을 해도 자신이 음기에 익숙해 자신을 이롭게 하는 양기의 사람은 스스로 멀리하게 된다.

반면 자신을 해되게 하는 음기의 사람을 가까이 하게 되어 실패하게 되는 것이다. 또한 마음이 우울해지며 심하면 자살하고 안색이 갈수록 창백해지고 수족이 냉하며 우환이 자주 오기도 한다.

결국 이 세상 그 무엇보다 첫째로 중요한 것은 사람이 자고 앉고 생활하는 그 터의 지기라고 할 수 있다.

사실 땅속에서 올라오는 지기는 아무리 두꺼운 그 무엇도 통과해 올라온다. 양기가 올라오는 곳은 따뜻하며 편안하고 사람을 이롭게 하는 성질의 파장과 기운이, 음기가 올라오는 곳은 차고 냉하며 음한(−) 성질의 파장과 기운이 올라온다.

세간에선 동판(銅版)이 수맥을 차단한다고 하는 얘기가 있다. 하지만 저자가 확인했으나 전혀 효과가 없었다. 이는 저자처럼 기(氣)를 오래도록 수련한 분이라면 쉽게 감지할 수 있다.

예컨대 손바닥을 그 터에 가만히 집중하면 양기는 따뜻하고 편안한 기운이, 음기는 차고 불쾌한 기운이 올라오는 것을 감지할 수 있다. 흔히 말하는 다우징로드(L-로드)를 과학적 방법으로 정확하게 잡아도 감지가 가능하다.

저자는 이 같은 사실을 풍수 · 역학 · 지리학을 포함해 과학계, 의학계, 법조계 등 그 어느 분야든 전문가 분들에게도 생활하시는 집과 사무실, 부모님 산소 터 등을 통해 명확하게 확인시켜 드릴 수 있다.

또한 기회가 된다면 제 이론에 이의가 있으신 분은 한 분이라도 연락을 주시면 직접 확인 검증시켜 드릴 것을 약속한다.

'양택 · 음택 터' 찾기

양택에는 여러 가지 터가 있다. 그 중 가장 중요한 것은 사람이 자고 생활하는 집이다. 그 집터 또한 크게 7가지 종류의 터로 구분된다.

① 대통령이 나오는 터

② 재물이 들어와 나가지 않으며 돈줄이 집안으로 들어오는 재벌이 나는 터

③ 자라서 공부하면 고시에 합격하고 입신하는 터

④ 재벌은 되지 않으나 재물이 들어오고 나가지 않는 부자되는 터

⑤ 재물은 들어오나 몸이 병들고 우환이 생기는 터

⑥ 사는 사람마다 재물이 들어오지 않고 밖으로 새는 집안이 망하고 우환이 생기며, 병드는 터

⑦ 재물은 모이지 않고 손해보나 장수하는 터 등이 그것이다.

양택에서 중요한 두 번째 것은 사업하는 사무실과 공장, 식당 등 사업장이다. 그 사업장 역시 5가지 종류로 세분시킬 수 있다.

① 돈을 벌어 성공하는 터

② 돈은 버나 몸이 병드는 터

③ 돈도 벌고 몸도 건강해지는 터

④ 실패하고 몸이 다치는 터

⑤ 사업은 실패하나 몸이 건강해지는 터 등으로 세분화된다.

양택 지기의 기운은 이처럼 인간 생활에 직접적인 영향을 끼친다. 음택 역시 다르지 않다. 음택도 인간생활에 직접적인 영향을 미치기는 마찬가지다. 저자가 발견한 음택 역시 풍수상 그 외관이 중요한 것이 아니라 그 속에 해당되는 지기라 할 수 있다.

고 박정희 전 대통령의 영부인인 고 육영수 여사의 묘소를 예로 들어보자. 육영수 여사의 묘소는 풍수상 관산법으로는 천하의 명당이라고 할 수 있다. 하지만 가장 중요한 혈이 음기의 흉지 위치에 모셨으니 음기가 가득해 애석하기 그지없다.

고 박정희 전 대통령 묘소의 경우 묘 봉분에서 활개 쪽으로(산 방향으로) 좌측 3미터 옆에는 그 터의 지기가 양기가 가득해 후손이 대통령되고 재벌이 되는 천하의 명당이 위치해 있다. 당시 터를 보신 분이 그 터의 땅에서 올라오는 지기를 보지 못해 명당을 놓친 것이 너무도 안타까운 일이다.

저자가 만일 터를 잡았다면 좌측 3미터 옆 혼백이 편안하고 후손이 발복하는 천하의 명당에 모셨으리라. 그러나 아직 늦지는 않았다. 지금이라도 그곳으로 이장한다면 혼백이 편안하고 후손도 발복한다고 생각한다.

이 예를 보더라도 음택 역시 관산법상 외관보다 그 속에 해당하는 지기가 가장 중요하다고 할 수 있다.

실제 개나 호랑이 등 양기의 동물은 울타리를 치고 그곳에 방류하면 저자가 선정하는 양기의 명당에서 잠을 자거나 앉아서 논다. 음기가 있는 곳은 잠을 자거나 앉지 않는다.

반대로 음기의 고양이를 상기와 같은 방법으로 방류하면 고양이는 음기가 있는 곳에서 자고 놀며 양기의 명당에는 가지 않는다.

이처럼 동물은 감각이 예민해 본능적으로 병들고 해가 되는 곳은 피하고 건강하고 이로운 양기의 명당을 식별할 줄 안다. 하지만 인간은 다르다. 인간은 태어날 때부터 차차 감각이 둔해져서 특별하게 저자처럼 양기에 익숙하지 못한 사람은 모르고 살아가고 있다.

조상은 양기에 모셔야 한다

음택 중 부모님이 살아 생전에는 증조부님의 산소까지 후손에게 영향을 미친다. 그렇지만 부모님 사후에는 증조부모님 산소는 손자 대에 영향이 적고 그 부모님 산소 터의 지기의 영향으로 영기가 후손(자식대)에 영향을 직접 미치게 된다.

세간의 일각에선 부모님을 화장으로 모셨다고 해서 무해무탈(無害無脫)하다고 얘기하는 경우가 있다. 그러나 저자가 확인한 바로는 화장을 해도 반드시 후손에게 지기의 기운으로 영기의 영향이 매장과 똑같이 있다는 사실을 경고하고자 한다.

사람이 죽으면 체(體)와 백(魄)으로 나뉜다. 이때 체는 유골이요, 백은 혼이다. 유골이 1200℃ 이상 고온에서 구워진다고 해서 혼백이 절대로 없어지는 것이 아니다.

따라서 저자는 화장을 해서 그 부모님 유골을 산이나 강에 뿌리는 것과 작금에 분별없이 '수목장'이라고 해서 나무 밑에 뿌리는 현실이 너무나 안타까운 심정이다. 오히려 화장을 해도 부모형제 유분을 반드시 양기가 가득한 명당에 모신다면 매장과 똑같은 영향이 있기 때문이다.

화장을 하거나 매장을 해도 똑같은 영향이 있는 것은 첫째가 후손이 대통령이 나는 터 둘째가 후손이 재벌되고 부자가 되는 터 셋째는 후손이 폐망하는 터 등을 꼽을 수 있다.

저자는 또한 배우자의 산소 터는 그 남은 배우자에게 영향을 미치고, 형제의 산소 터는 그 남은 형제에게 영향을 주는 것을 확인했다.

실례로 꼽을 수 있는 것이 고 박정희 전 대통령이다. 고 육영수 여사의 묘터가 음지이기 때문에 배우자인 고 박정희 전 대통령은 비운을 당했다고 판단된다.

저자가 확인한 중요한 사실은 부모님 중 먼저 돌아가신 사람의 산소 터(납골묘, 납골낭)가 명당이면 남은 한 사람의 여생은 효도받으며 행복하지만 음지이면 그 여생이 불행하다는 점이다.

태어날 때 대통령의 아들로 태어났다고 하더라도 행복은 잠시요, 그 사는 집터가 음기가 있는 곳이면 몸이 다치고 관재수가 있으며 집안에 우환이 오게 된다.

재벌 2세로 태어나 부귀영화를 상속받았다고 해도 그 사는 집이 음지이면 몸이 다치고 관재수가 오며, 재물이 모이고 반드시 재벌이 나는 터에 자리를 정해서 살아야 계속 부와 명예를 유지할 수 있다.

따라서 반드시 그 사는 터는 양기가 가득한 명당에 살아야 하며 부모님이 돌아가시면 양기가 가득한 명당에 모셔야 부귀영화를 계속 누릴 수 있다.

만일 선친이 성공한 사업장 터(양기가 가득한 명당)를 제대로 속을 볼 줄 아는 전문가의 도움 없이 함부로 이전, 음기의 터로 옮기는 우를 범한다면 10년이 가지 못해 환란과 손실로 인해 범인으로 추락한다는 것을 경고한다.

세간에 그 선대께서 이룩하신 위업을 소홀히 해서 음기가 있는 곳으로 이전한 기업들이 저자가 확인한 바 여러 곳 있어 다가올 수년 후가 심히 염려스러울 따름이다.

옛말에 '결과가 있는 곳은 반드시 그 원인이 있다'는 말이 있다. 하늘이 내린 부자는 절대로 그 터를 옮기지 않는 한 재물이 유지된다. 몸이 상하지 않고 명예가 함께 있다.

반면 몸이 상하는 것은 자만해 사는 터를 넓고 보기 좋은 곳으로 옮기려다가 음기가 있는 몸이 다치는 곳으로 이사한 것이 원인이다. 대저택도 음기가 강하면 재벌이 나는 초가삼간 명당만 못하다.

부를 이루었다고는 하지만 부모님 묘소를 음기의 곳으로 쓰면 역시 몸이 다치고 재물이 새며 우환이 있다. 따라서 반드시 명당으로 모셔야 한다는 것을 강조한다.

사람이라면 누구나 다 소중한 것과 같이, 이 같은 이치는 그 누구에게나 같다. 범인이라고 하더라도 반드시 이사해서 돈 번 집을 좁다 하면서 함부로 버리지 말아야 한다.

원래 있던 집을 개·보수할 때도 반드시 속을 볼 줄 아는 전문가의 도움을 받아 재물이 들어오고 새지 않도록 출입문의 위치를 정해야 한다. 몸이 상하지 않는 곳으로 잠자리를 정하고 양기가 있는 명당으로 서재를 정하는 것도 반드시 해야 할 일이다.

만일 이사를 해서부터 우환이 오고 돈을 벌지 못하는 집이 있다면 그곳은 저자가 가서 보지 않아도 음기가 강해 재문이 닫혀 있어 돈이 새는 출입구의 집이다.

이사하고 나서부터 마음이 편하지 못하고 안색이 창백하거나 수족이 냉하고 머리가 무거우며 어깨가 아프고 목 뒤에 여드름처럼 붉은 혈흔이 밖으로 보이는 사람도 그만한 이유가 있다. 저자가 보지 않아도 암에 걸리고, 풍 맞고 몸이 병드는 음기의 자리에서 잠을 자고 있기 때문이다.

다시 한 번 강조하고 싶은 것은 음식과 물도 중요하고 건강검진도 중요하지만 근본원인은 그 터에서 올라오는 지기가 첫째 원인이라는 사실이다.

이 같은 사실을 소홀히 하지 말고 자리를 바꾸든지 처방한다면 병이 들어 있는 사람도 반드시 더 이상 악화되지 않고 건강을 회복할 것으로 본다.

예컨대 혈색이 좋아지고 수족이 따뜻해지며 머리가 가벼워지고 머리 뒷부분의 붉은 혈흔이 1개월 정도 지나면 없어지고 어깨가 부드럽게 풀어지며 건강이 회복된다는 얘기다.

같은 장소도 '기운은 다르다'

실제 저자는 의사선생님의 도움을 받아 임상실험을 했다. 일단 5명의 환자를 대상으로 병원 입원실에서 음기가 나는 흉지에 입원용 침대를 설치한 후 외부 조건이나 아무런 처방 없이 한두 시간 누워 있게 했다.

그 다음 적외선체열진단(赤外線體熱診斷)으로 대상자의 체온 변화를 관찰했다. 그 결과 병원에 도착했을 때보다 현저하게 체온이 저온(低溫)으로 떨어졌다. 뿐만 아니다. 수면을 취하지 못하고 두통을 호소하며 뇌파가 불안정하게 나타났다.

반대로 양기가 나는 장소를 지정, 양명기석을 침대하단 바닥에 처방하고 외부 조건 변화 없는 상태에서 입원용 침대 위에 같은 실험 대상자를 두세 시간 누워 있게 했다.

3시간이 경과한 다음 같은 방법으로 적외선체열진단으로 체온 변화를 관찰했다. 그 결과 음기의 영향에 있던 대상자가 현저하게 달라졌음을 확인할 수 있었다.

이처럼 간단한 실험만으로 같은 건물 안인 병원 내부에서도 장수하는 명당(양기가 나는 자리)이 있고, 몸이 상하는 흉지(음기가 나는 자리)가 있다는 것을 알 수 있었다.

이는 수맥분야에서 얘기하는 수맥파의 영향만이 아니다. 땅에서 방출되어 두꺼운 건물 바닥을 투과해 인체를 활성화시키는 양기와 위축시키는 음기의 영향 때문이라고 할 수 있다.

만일 이것이 단지 수맥파의 유해파장의 영향이라면 인체가 저온으로 떨어지는 것은 이해할 수 있지만 인체를 고온으로 활성화시키는 양기의 이치에는 맞지 않

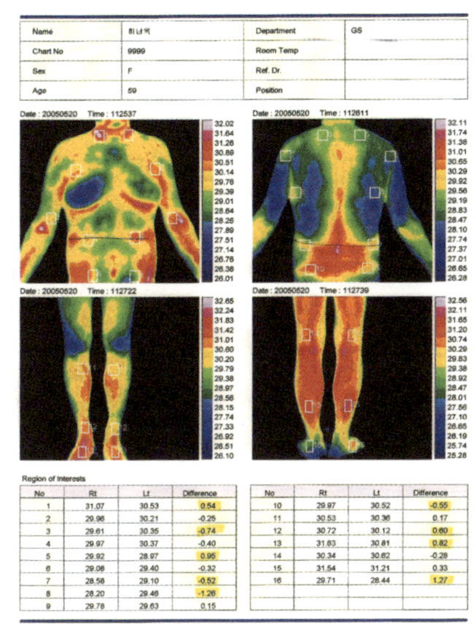

〈병원 내원시 촬영〉

〈음기에 1시간 노출된 상태에서 양기가 강한 곳으로 이동해 양명기석 처방 3시간 후〉

〈음기가 강한 자리 침대 위에 누워 1시간 경과 후〉

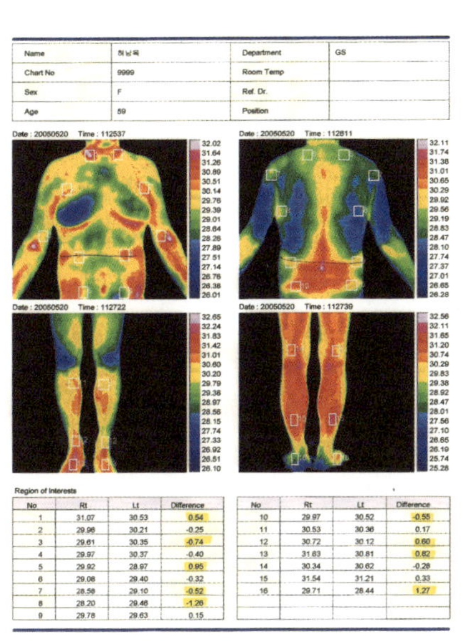

〈적외선체열진단 실험〉

– 외과전문의 윤성채

는다. 때문에 저자는 음기의 터는 수맥파를 포함, 인체를 해롭게 하는 음의 기운이 동시에 올라오는 것이라고 주장한다.

인간 생활에 지대한 영향을 미치는 지기(땅속에서 방출되는 기운)는 이처럼 전 세계 그 어떤 곳에도 똑같이 같은 이치로 작용한다. 종교를 초월해 지구상에 존재하는 모든 사람을 포함, 그 어떤 동·식물에게까지도 영향을 미친다.

사실 수천 년이 내려오도록 아직까지 이렇듯 그 무엇보다 중요한 지기의 영향에 관해 이치를 명확하게 증명하며 밝힌 것을 안내하는 단 한 권의 서책도 없었다.

동·서양을 총망라하여 각 분야별로 수많은 백가서가 있다. 실체가 있어 눈에 보이는 것은 풍수, 지리학, 역학 등의 분야의 전문가를 통해 깊이 있게 연구한 수많은 자료들이 있는 것으로 안다.

하지만 그 동안 지기는 그렇지 못했다. 오직 지기에 관한 깊이 있는 연구나 안내 서책은 없었다. 그럴 수밖에 없었던 것이 지기는 사람의 눈으로 볼 수도 없고, 냄새도 없어 실체가 없는 무형의 공기와 기운인 까닭이다.

고도로 발달된 감각을 타고난 사람이나 경지에 오른 기공의 고수가 아닌 보통 사람의 감각으로는 식별하거나 감지할 수가 없기 때문이다.

저자는 이 같은 이유 때문에 더욱 큰 사명감을 가지고 평소 수련했던 기공을 바탕으로 전국을 발로 뛰며 수없이 검증에 검증을 거듭했다. 그 결과 지기의 실체를 일반인이 알 수 있도록 감지하는 법을 알아냈다.

더 나아가 지기에는 양기와 음기의 두 가지 기운이 있다는 사실과 지기는 재연성이 확실한 과학이라는 것을 확신할 수 있었다.

100명을 대상으로 조사했을 때 100명 중 단 한 사람도 예외 없이 터에서 올라오는 지기의 영향을 동일하게 받으며 그 지기의 혜택과 피해를 동시에 받고 있는 사실이 이를 반증하고 있다.

다음 장의 조사 결과로도 재연성이 확실한 과학이며, 지금까지 예전의 이론을 바탕으로 모방하여 자신의 주장을 피력해 놓은 여느 책자들과는 확연하게 다른 점을 인식할 수 있으리라고 본다.

세세한 사항은 각론을 통해 상세하게 서술하기로 하고 이 책을 통해 터에서 올라오는 지기를 피하거나 바꾸어 생활함으로써 행복한 인생을 사시길 기원한다.

전국에 거주하는 분(각 분류군 100명 대상)		
한국명당지기협회 실시(2005. 4. 1~2006. 3. 30까지)		
조사 대상	조사 장소	조사 결과
암, 중풍, 당뇨, 고혈압 환자	주택 잠자리	부모님산소	음기가 심하게 올라오는 곳에서 거주하고 잠을 잠(100명 전원)
90세 이상 장수하시는 분	주택 잠자는 방안	부모님 산소	양기가 가득하며 음기가 한 줄도 없는 곳에서 거주하고 잠을 잠(100명 전원)
사업 성공하며 돈 버는 분	주택 잠자는 방안	부모님 산소	양기가 가득하며 음기가 한 줄도 없는 곳에서 거주하고 잠을 잠(100명 전원)
사업 실패하고 건강이 안 좋은 분	주택 잠자는 방안	부모님 산소	음기가 가득하며 양기가 없는 곳에서 거주하고 잠을 잠(100명 전원)
학업성적이 우수하고 온순하며 혈색이 좋은 학생	잠자고 공부하는 자리	학교 공부하는 자리	양기가 가득한 곳에서 잠을 자고, 공부함(100명 전원)
학업성적이 불량하고 예민하며 혈색이 창백한 학생	잠자고 공부하는 자리	학교 공부하는 자리	음기가 가득한 곳에서 잠을 자고 공부함(100명 전원)
암 등 수술환자	주택 안	잠자는 곳	음기가 많은 곳에서 거주하며 잠자는 사람은 재발되며, 치료효과가 떨어짐
중풍치료 환자	주택 안	잠자는 곳	양기가 많은 곳에서 거주하며 잠자는 사람은 회복이 잘 되어 건강이 좋아짐

※ 2006년 하반기 모 대학 및 종합병원과 연계하여 암 환자 대상으로 세계 최초로 양기가 있는 명당과 음기가 있는 흉지에서 동물임상(몰모트)실험 실시 예정(한국명당지기협회)이며, 협회에서 개발한 음기를 양기로 중화해 흉지를 명당으로 바꿀 수 있는 시료인 양명기석으로 암, 중풍환자 및 동물 임상실험을 동시에 실시 예정임.

__지기 감정요령과 음기 처방방법

　세상에서 무엇보다 중요한 지기를 정확하게 감정하는 데는 일정기간의 훈련과 수련이 필요하다. 저자처럼 기공을 다년간 수련, 몸에 기가 많은 사람은 정확하게 진단이 가능하다. 또한 제7장 부록편에 기술하고 더 상세한 것은 한국명당지기협회 홈페이지를 통해 공개한다.

　저자는 협회를 통해 전세계에 감정 및 처방안을 보급할 예정이다. 저자가 터 감정으로 확인한 차기 대통령 및 앞으로 좋지 못한 대기업 오너 및 신사옥 등을 협회를 통해서만 공개하는 것은 그만한 이유가 있기 때문이다.

　현행 선거법이나 법적인 문제와 사회에 미치는 파장이 지대할 것을 우려해 저자가 이를 원하지 않아서다. 하지만 협회를 통해서는 회원에 한해 공개할 예정을 가지고 있으며 독자들의 이해를 부탁드린다.

음기 대처(처방) 방법

　사람을 폐망하게 하고 암(질병)에 걸리게 하는 음기는 반드시 정확하게 감정하여 이를 피하든지 처방해야 한다. 이런 음기를 처방하기 위해서는 먼저 음기의 실체와 성질부터 파악해야 소멸이나 중화하는 방법을 알 수 있다.

　저자는 먼저 음기의 성질과 실체를 파악하기 위해 전국의 양택과 음택 중 흉지를 골라 흉지에서 올라오는 지기 중 음기가 올라오는 곳의 흙과 돌을 수집, 연구했다.

그 결과 음기는 눈에 보이지도 않고 냄새도 없지만 저자처럼 고도로 수련되고 훈련된 사람은 본능적으로 감각이 예민한 양성인 동물에게 차고 냉한 성질의 공기와 파장으로 몸을 불쾌하게 하는 기운을 감지할 수 있었다.

고양이는 경계심이 강하여 음기에 앉아 있고 놀지만 개와 사람처럼 양기의 동물들은 음기를 싫어해 피해서 잠자고 생활한다.

음기는 이처럼 자체적으로 차고, 냉해 열성유전인자를 활성화시켜 혈액 순환이 되지 않게 하고 체온을 저온으로 떨어지게 하는 성질이다. 저자는 이 같은 음기의 성질을 착안, 자체로 찬 공기와 파장을 억제하고 중화할 수 있는 물질이 있다는 생각으로 연구를 계속했다.

예컨대 땅속에 함유된 물질 중에서 명당(양기)에는 반드시 자체(천연적으로)로 외부 열이나 변화 없이도 따뜻하고 인체와 같은 좋은 파장을 방출시키는 물질이 있을 것이라는 판단이 있었다.

연구를 하는 과정에서 동판, 금은 및 그 어떤 금속에도 양기가 없어 음기를 차단하지 못하고, 옥, 맥반석, 게르마늄, 음이온석, 포졸란, 세라사이트 등 그 어떤 광석을 1200℃ 이상 열을 가한 상태에서도 양기가 없었으나 양기가 강한 터 속의 광석중 상온에서 사람처럼 따뜻하고 양기가 강하게 방출되는 광석을 발견했다.

그 광석을 음기가 강한 흉지에 두고 시험한 결과 시간이 경과하자 음기가 강한 흉지의 터가 따뜻한 양기의 명당으로 바뀌었다.

실험 결과 체온이 올라가고 재문이 닫혀 있던 주택의 입구가 반대로 열리고 돈이 새는 재문이 닫히는 것을 발견했다. 이는 이 세상 사람을 포함, 만물을 이롭게 하는 귀한 소재이기 때문에 '양명기석'이라고 명명하고 생활용품에 적용했다.

2005년 6월부터 암 환자를 포함, 중환자가 기거하는 잠자리와 음택에 포설해 시험을 했다. 그 결과 건강을 되찾거나 되찾아가고 있는 중인 것을 확인하고 있다.

실제 안색이 창백하고 항시 피로하며 혈액순환이 되지 않아 근육이 뭉치고 수족을 포함해 몸이 냉했던 암 수술, 중풍 등 환자들이 현재까지 질병이 재발하지 않고 얼굴색이 붉게 좋아지며 피로를 느끼지 않고 수족이 현저하게 따뜻해지고 몸이 건강해져 정상적인 생활을 하고 있다.

그런가 하면 '양명기석'을 처방한 후 삼재 든 사람에게 차량사고가 발생했는데도 차만 많이 부서지고 몸은 다치지 않았다. 이처럼 우환이 있더라도 피하거나 좋은 일들이 생기고 있는 것을 확인하고 있는 중이다.

이런 사실로 볼 때 저자는 '양명기석'이 현재까지 이 지구상에서 개발된 소재 중 음기를 처방하여 양기로 바꿀 수 있는 확실하고 유일한 소재라 생각한다.

따라서 처방 요령 및 사례를 제7장 부록편에 소개하고 지면상 부족한 부분은 한국명당지기협회 홈페이지를 통해 공개할 예정이다. 이 점 독자 분들의 이해와 양해를 부탁드린다.

독자들이 저자의 사는 집과 사무실, 부모님의 유택과 태어난 생가 터가 어떤 곳인지 궁금할 것이라 생각되어 소개하고자 한다. 참고로 저자의 생가 터를 말씀드린다면 경북 성주군 대가면 칠봉리 222번지에 위치한 산골마을에 있다.

저자와 협회 회원들이 확인한 결과 신격호, 이건희, 김승연 회장과 같이 재벌이 나는 명당 터이며 필자의 사주는 2004년에 관재수가 있었고 2005년부터 재운이 크게든 재벌이 되는 사주이다.

저자가 사는 집은 안양시 인덕원에 위치한 14평의 조그만 아파트다. 재운이 없던 3년 전에 이사해 살고 있는 집으로 재문이 닫히고 병 걸리는 음기가 강한 곳에서 살고 있다. 하지만 2005년 5월, 가장 먼저 저자가 개발한 '양명기석'으로 현관부터 재문이 들어오도록 처방해 열어놓았다. 또한 안방과 아이방 등 집안 구석구석을 '양명기석'으로 처방해 양기가 가득한 명당으로 바꿔 놓고 건강하게 살고 있다. 이 집에 살면서 지기학에 관련된 책자를 집필하고 '양명기석'을 개발하게 됐다.

저자의 부모님 유택은 두 분 다 화장하여 일산 청아공원에 양기가 가득한 후손이 재벌이 되는 명당 터(납골당)에 모셔져 있다. 협회와 사무실은 음기가 강한 곳에서 '양명기석'으로 처방하고 있다가 현재는 서울 양재동에 위치한 오래되고 초라한 건물이지만 재문이 열려 있고 양기가 가득한 명당에 일부 처방해 기거하고 있다.

__기구(다우징 로드, L−로드)를 통하여 지기를 감정하는 방법

1. 다우징 로드 잡는 과학적 원리 및 요령

다우징 로드는 과학적으로 지기(양기 · 음기)를 측정하는 기구이다.

사람처럼 살아서 움직이는 동물 중 따뜻한 열이 있는 것은 양기이다. 예로 사람, 개, 고양이, 소, 돼지 등 기타 동물이다. 그러나 죽은 사람은 열이 없기에 음기이며, 살아서 움직이나 손으로 잡아서 차며 냉한 파충류나 곤충, 어류는 모두 음기이고 양기가 없다.

따라서 상온인 상태에서 물성이 찬 광석, 흙, 금속, 유리, 나무 등 지구상 양명기석을 제외한 그 어떤 소재도 필자가 연구 조사한 결과 양기가 없으며, 음기이다.

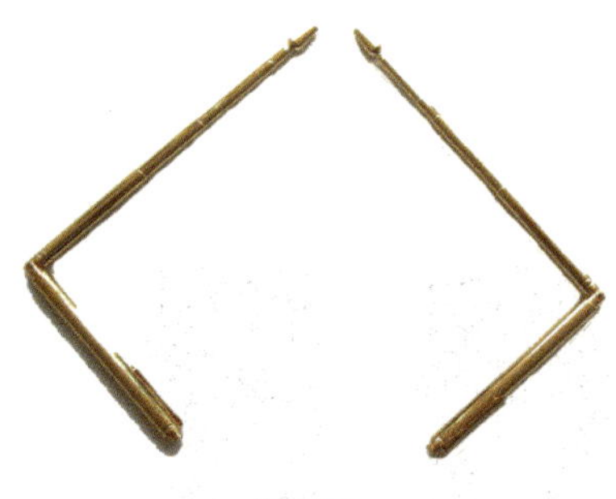

〈엘로드〉

① 과학적으로 잡는 요령은 사진과 같이 먼저 엘로드 1조(2개)를 90° 직각으로 꺾는다. (금색, 은색 등 색깔은 조사에 전혀 영향을 미치지 않는다.)

〈엘로드 90도〉

② 무게 중심이 엘로드 끝의 추가 파이프보다 무겁기 때문에 직각에서 1~3° 정도 밑으로 각을 준다. 그래야 중력 때문에 제자리를 유지하는 성질을 가지며 만일, 무게 중심이 직각에서 1°라도 위로 실리면 엘로드는 정확하게 간지되지 않고 마음대로 반응한다.

③ 가장 중요한 점은 엘로드를 잡은 손목이 반드시 항상 수직으로 바르게 유지하여야 한다.

만일, 손목이 수직으로 바르지 않고 좌·우로 1°만 기울어져도 중력의 법칙에서 벗어나 추가 좌·우로 움직이게 되어 지기를 정확하게 감정할 수 없고 틀리게 감정되는 수가 많다.

2. 인체와 기구가 반응하는 원리

사람의 몸은 소우주이다.

엘로드를 잡은 사람의 손에서 나오는 열, 파장, 기운, 맥박 등이 엘로드가 전선 역할을 하는 기구로 전달되어 눈에 보이지 않는 지기가 양기가 있는 곳에는 같은 양기끼리 밀어내는 성질 때문에 나란하게 일자로 맞추고 있으면 엘로드가 시간

〈음기 상태〉
클로스

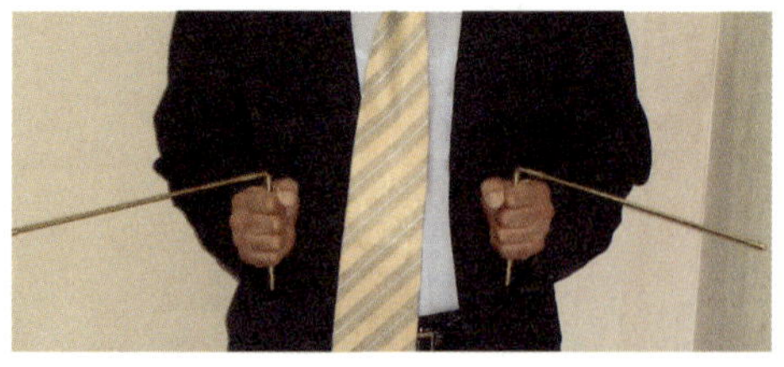

〈양기 상태〉
벌어짐

이 지나면서 서서히 양기 세기의 정도에 따라 밖으로 작게 또는 많이 벌어진다. 양기가 강한 곳은 반대 방향에서 강한 바람을 불어도 밀어내는 힘이 강해 서서히 벌어진다. 반대로 음기가 있는 곳은 일자로 나란히 맞추고 있으면 시간이 경과하면서 음기의 세기 정도에 따라서 작게 또는 크게 안으로 클로스된다.

3. 음기 측정 방법

<음기가 심한 상태>

위와 같은 요령으로 엘로드를 잡고 손목에 힘을 뺀 상태에서 천천히 발을 이동하면 음기가 있는 곳은 그 세기 정도에 따라 조금 또는 많이 클로스되는 것이며 방향은 동·서·남·북 관계없이 전·후·좌·우 똑같이 반응한다.

〈양기 감정〉

위와 같은 요령으로 엘로드를 잡고 손목에 힘을 뺀 후 서서히 이동하면 실험자의 자아의식과 무관하게 양기가 올라오는 곳은 그 세기 정도에 따라서 실험자의 손에서 전달되는 양기와 지기에 반응하여 양기 세기의 정도에 따라 작게 또는 많이 벌어지게 된다.

5. 지기와 수맥의 차이점

양기, 음기는 수맥과 관계없이 반응하며 엘로드 실험결과 양기가 있는 곳은 수맥이 없으며, 강이나 바다 위에서도 육지와 똑같이 양기가 있는 곳은 벌어지고, 수맥이 없는 곳에서도 음기가 있는 곳은 엘로드가 클로스된다. 저자는 육안과 손으로 양기, 음기를 감지할 수 있으나 대중화하기 위하여 수많은 연구 끝에 기구(엘로드)를 사용하여 지기를 감지하는 과학적 요령을 발견하게 되었다.

〈물위에서 음기가 나오는 장면〉

〈물위에서 양기가 나오는 장면〉

양기와 음기는 강이나 바다 같은 물속에서도 수맥과 관계없이 땅위와 똑같이 방출되어 올라온다.

따라서 저자 역시 처음에는 수맥전문가로 왜곡된 지식을 갖고 있었다. 수많은 연구실험 끝에 기구를 통한 양기, 음기 측정 방법을 발견하게 되었고 음기와 수맥파는 다르다는 사실과 수맥파는 지하 땅속에 흘러가는 수맥으로 흐르는 물의 진동이나 압력 때문에 지상으로 방출되어 올라오는 이상 파장이며, 음기 속의 일부분이고, 이는 단파에 불과하다. 그렇지만 이상 파장이기 때문에 동·식물의 건강에 유해하고 유전자 중 우성, 열성 유전인자에 영향을 미친다.

그렇지만 사람의 인성을 변화시키고 길·흉·화·복에 영향을 미치는 데는 설득력이 약하고, 객관성이 부족하다.

이런 사실 때문에 더 연구하게 되었고 연구 끝에 양기, 음기와 인체의 반응 이치와 측정방법을 발견할 수 있었다. 그러므로 독자 여러분들은 수맥과 혼동하거나 잘못 이해하는 일이 없기를 바란다.

음기가 있는 장소에서 엘로드를 11자로 나란하게 맞추어 놓고 손목을 움직이지 않고 있으면 사람 몸에서 방출되어 엘로드에 전달된 양기(열, 파장, 진동 등)와 땅에서 올라오는 음기가 반응하여 시간이 경과하면서 조금씩 클로스된다.

<음기가 강한 곳에 사람이 앉은 장면>

음기가 강한 곳에 사람이 있으면 실험자의 손에서 엘로드에 전달된 양기와 피실험자의 몸에서 나오는 양기가 반응하여 땅에서 방출되는 음기를 차단하여 양기가 강한 명당으로 바뀌게 된다(양명기석 실험과 동일).

〈음기가 강한 곳에 사람이 앉으면 시간이 경과하면서 양기가 강한 장소로 바뀐 장면〉

〈양기로 변한 후에 그 자리에 피실험자가 비키면 원상태인 음기로 바뀌는 장면〉

지기는 사람의 눈에 보이지 않으나 인체에서 방출되는 오묘한 기운, 파장, 열, 진동에 의하여 기구인 엘로드로 반응한다. 누구나 교육을 받으면 사진처럼 감지가 가능하고, 이 지기는 엄청난 기운으로 우리가 사는 지구 어느 곳에서도 존재한다. 이를 이용하여 음기의 폐해를 미연에 방지하고, 사람에게 유익한 양기를 이용하여 누구나 건강하고 행복한 삶을 살 수 있다.

제2장

대통령은 지기를 통하여 하늘이 내린다

(전 · 현직 대통령편)

__대통령이 되는 조건

대통령은 누구나 되는 것이 아니다. 국가를 대표하는 직분을 맡는 데는 그만한 자격과 조건이 갖춰져 있어야 한다.

대통령이 되는 첫째 조건은 그 사람의 태어난 터이다. 그 둘째는 부모님 산소 터며, 셋째는 그 분들이 사는 집터다. 이들 세 가지 조건을 통해 결정지어지는 셈이다.

태어난 생가

예로부터 '국왕은 하늘이 낸다'고 했다. 국가의 통수 권한을 가진 대통령 역시 마찬가지다. 대통령이 되기 위한 조건에 부합되기 때문에 그 자리에 오르는 것이라고 할 수 있다.

실제 저자는 이를 과학적으로 접근하기 위해 전·현직 대통령들의 생가 터를 조사했다. 결론부터 이야기하자면 대통령이 되는 조건은 태어나 자란 생가 터가 그 첫째다.

그러면 구체적인 조건은 어떠할까.

우선 대통령이 나는 생가는 단독인 경우 우물자리만 음기가 있고 그 울타리 담장 안 전체의 지기가 양기로 가득한 명당이어야 한다.

조사 결과 역대 대통령 9분 중 2분만 주택 몸체와 마당 사이에 있는 주춧돌 앞의 마당 쪽에 세로로, 한 분은 가는 음기가 세 줄 있었고 또다른 한 분은 다수가 있는 것을 확인했다.

일례로 김영삼 전 대통령의 생가는 세로로 가는 음기가 마당 앞에 세 줄 있었다. 김영삼 대통령은 대통령이 되기까지 대선 3회 낙선하고 야당 시절에 가택 연금 등 고난이 따랐다.

그는 하지만 스스로 이를 잘 극복해 대통령이 됐다. 이것을 극복하는 데는 대통령되기 전의 주택이 양기가 가득한 명당 터에서 생활한 덕일 것으로 여겨진다.

김대중 전 대통령의 경우에는 마당에 음기가 세로로 가늘게 여러 줄 있었다. 김대중 대통령 역시 대선에 5회 낙선하고 야당시절 많은 고초를 겪고 대통령이 되었다.

김영삼 대통령과 김대중 대통령 외 다른 분들은 집안에 음기가 우물자리를 빼고는 한 곳도 없는 양기가 가득한 명당인 것으로 확인됐다.

부모님 산소

부모님 산소 터가 봉분 전체에 지기 중 음기가 한 줄도 없이 양기가 가득하게 올라오는 명당이어야 한다는 게 조사결과에서 나타난 대통령이 되기 위한 두 번째 조건이다.

역대 대통령 중 전원의 부모님 산소 터는 양기가 가득한 명당이다. 다만 안타깝게도 박정희 전 대통령 내외분과 이승만 전 대통령은 음기가 가득한 흉지에 현재 모셔져 있다. 특히 박정희 대통령 묘는 활개쪽 3m 옆에서부터 양기가 가득한 명당이라 위치선정이 아쉽다.

반면 김영삼 전 대통령은 모친 산소 우측 아버님 모실 자리가 음기가 가득한 흉지로 만일 아버님이 먼저 돌아가셔서 그곳에 모셨다면 대통령이 못 됐을 가능성이 높아 하늘의 뜻이라고 생각된다.

역대 대통령 산소 터 중 대표적인 분이 김대중 대통령 부모님 산소 터이다. 김대중 전 대통령은 대통령 나는 터(생가)에서 태어나시긴 했다. 하지만 마당에 있는 고생줄의 영향으로 부모님 시신을 신안군 하의도 대리에 있던 산소 터(이장 전)에 모셨다. 그곳은 음기가 강한 곳으로 혼백이 편하지 않았고 이 영향으로 음기가 있는 동교동 집(대통령이 못 되는 집)에 사시게 되었다. 또한 이 영향으로 납치에 사형선고 등 고난을 겪으셨다가 용인으로 양기가 가득한 명당 혈에 부모님 산소를 이장하고 대통령 나는 집인 양기가 가득한 일산 집에 일시 이사하여 대통령이 되셨으며, 안타까운 사실은 김대중 전 대통령 부모님 산소 터를 좌정한 분이 지기를 알았다면 부모님 산소는 후손이 대통령 나는 봉분 혈이 양기가 가득한 명당에 쓰셨다. 그런데 아랫단에 같이 이장한 첫째 부인 연안 차씨 산소도 명당에 써야 하나 저자가 조사한 결과 첫째부인 산소 터와 그 아랫단에 집안 분 산소자리가 음기가 강해 후손에게 좋지 못한 위치에 봉분이 모셔져 있기 때문에 그 후손인 홍일씨와 가족이 염려되는 바이며, 이로 볼 때 지기가 얼마나 중요한가를 알 수 있다.

몇몇 대통령 분들의 조부모 산소를 필자가 감정한 결과 조부모님 산소 터는 대통령이 되는 데 부적합한 음기가 있었다.

부모님이 생존해 계실 때는 후손이 조부모 산소 터 영향을 받으나 부모님 두 분이 돌아가셔서 유택에 모신 후부터는 조부모 산소 영향은 끊어지고 부모님 산소 터의 영향을 받는 것인 바 분명히 말하면 산소는 직계 1대에만 영향을 미친다는 점이다.

전두환 전 대통령 부모님 산소 터는 대통령이 나는 명당이지만 두 분 산소 봉분만 명당이고 그 봉분을 벗어나면 음기가 있고 하단 쪽에 산소를 쓰기 위해 자리해 놓은 두 곳 모두가 음기가 서린 흉지인 것을 확인했다.

따라서 만일 부모님 산소 터가 50㎝만 벗어났어도 대통령이 되지 못했을 것이며 이 역시 하늘의 뜻이라고 생각된다.

살고 있는 집터 역시 생가 터와 같이 양기가 가득한 명당이어야 대통령이 될 수 있다. 만일 양기가 가득했으나 이를 개·보수해 양기가 음기로 바뀌면 대통령이 되기 어렵게 된다.

예컨대 전직 대통령 중 대통령되기 전 명당을 새로이 개·보수해서 집안에 음기가 들어오도록 하는 우를 범했기 때문에 퇴임 후 결과가 좋지 않은 경우가 발생되기도 했다.

결국 명당은 함부로 전문가의 도움 없이 보수하면 안 된다는 것이 저자가 강조하는 부분이다. 아울러 일반 독자들 역시 주택을 고칠 때나 새로이 짓거나 이사할 때는 반드시 협회를 통해 전문가의 도움을 얻어 양기가 가득한 명당으로 옮길 것을 권유한다.

그러면 차기 대통령 후보들은 어떨까.

필자가 차기 대통령 후보들 중 그 부모님 산소와 생가 터를 조사한 결과 대통령이 나는 명당은 없었다.

다만 후보로 거론되고 있는 분들 중 한 분이 태어난 생가와 부모님 산소 터가 대통령이 나는 음기가 한 줄도 없는 양기가 가득한 명당임을 확인했다.

사실 그 분이 하늘이 내린 대통령이므로 저자가 이 책을 통해 밝혀야 하는 것이 당연하다고 생각한다.

그러나 앞서 총론에 밝힌 바와 같이 대통령 선거가 치러지기 전에 미치는 파장 때문에 공개하지 않을 예정이며, 이 점 독자분들의 양해를 부탁드린다.

__이승만 전 대통령

우리나라 초대 대통령인 이승만 대통령은 황해북도 평산 출신으로 1875년생이다. 이승만 대통령은 한평생 파란만장한 일생을 살았다.

일제시대 미국을 주무대로 독립운동을 했던 그는 1948년 제헌국회의원에 당선된데 이어 초대 국회의장과 대통령이 됐다. 이후 3번에 걸쳐 대통령을 역임했으나 1960년 대통령에 4선된 후 4·19로 하야하고 말았다. 그 뒤 하와이로 망명해 1965년 생을 마감했다.

산소

이승만 전 대통령의 산소는 서울 동작구 동작동에 소재한 국립묘지인 현충원 안에 위치해 있다. 묘 조성 당시 한국풍수 역학계의 최고 전문가 분들이 관산법으로 보아 명당이라고 지정한 곳에 자리잡고 있다.

실제 그 묘는 겉모양으로 봤을 때 명당으로 보인다. 하지만 저자가 지기를 조사한 결과 사진과 같이 묘역 및 봉분 전체가 음기가 가득해 산소로서는 최악의 자리에 모셔져 있다. 이러한 산소는 묘역 주위에 사람이 서 있기만 해도 음기의 영향으로 편하지 않고 냉랭하며 혼백이 편하지 못하기 때문에 후손에게 나쁜 영향을 미치는 자리이다.

〈이승만 전 대통령 묘소 전경〉

〈이승만 전 대통령 묘소〉
산소 봉분 전후좌우 전체가 음기에 노출(흉지)

〈이승만 전 대통령 묘소〉
음기가 있는 흉지

〈이승만 전 대통령 묘소〉
음기가 강한 흉지를 양명기석으로 처방한 후 혼백이 편안한 양기가 가득한 명당으로 바뀐 상태(2005. 4 양명기석 처방)

__윤보선 전 대통령

윤보선 전 대통령의 고향은 충남 아산이다. 그는 1897년에 태어나 1962년에 생을 마감했다. 격변기였던 1960년 4·19로 탄생한 제2공화국 정부에서 대통령을 맡았으나 이듬해인 1961년 5·16으로 대통령직에서 물러났다.

생가

윤보선 전 대통령의 생가는 충청남도 아산시 둔포면 신항리에 있다. 이곳은 윤치소가 1907년에 지었다고 한다. 바깥 사랑채는 건축양식으로 보아 1920년대에 지은 것으로 짐작되고 있는 곳이다.

윤보선 전 대통령이 태어난 생가는 대문 앞에서부터 마당 안집 본체 및 재실 등 집안 구석구석까지 음기가 한 줄도 없고 양기가 가득한 대통령이 나는 조건을 갖춘 명당이다. 집안에 사람이 들면 편안하며 눈이 열리고 지각이 열리며 기상이 커지는 명당 터이다.

〈윤보선 전 대통령 생가 앞〉

〈윤보선 전 대통령 생가 본체 앞〉

〈윤보선 전 대통령 생가 마당〉
대문 앞, 마당, 마루, 방안 등 집안 전체가 강한 양기가 가득한 대통령 나는 명당 터

〈윤보선 전 대통령 부모님 묘소〉

〈윤보선 전 대통령 부모님 묘소〉

부친과 모친 산소 봉분 전체가 양기가 가득한 후손이 대통령 나는 명당이다. 봉분 사방 주위로 음기가
단 한 줄도 지나가지 않은 명당으로 꼽을 수 있다.

윤보선 전 대통령 조부모님 산소는 세간에 풍수, 지리학계 전문가들로부터 인물이 나는 명당으로 알려진 산소이다. 그러나 저자와 협회 회원들이 조사한 바로는 봉분에 음기가 가득한 좋지 못한 산소 터임을 확인했다.

다만 대통령 부모님 윗대 산소 터는 대통령에게 기운의 영향을 미치지 않고 부모님 산소 터의 기운이 영향을 미치므로 부모님 산소 터의 영향을 받아 대통령에 오른 것이라고 할 수 있다.

〈윤보선 전 대통령 조부모 묘소〉
봉분 전체 및 주변에 음기 노출
대통령 부모님 윗대 산소 터는 대통령이 되는 기운에 영향을 미치지 않고, 부모님 산소 터의 기운이 영향을 미친다.

__박정희 전 대통령

경상북도 구미 출생인 박정희 전 대통령은 군인이자 정치가로 제 5·6·7·8·9대 대통령을 역임했다. 가난한 농가에서 태어났지만 군 장성을 거쳐 대통령까지 올랐으며 재임 기간 우리나라의 근대화에 노력을 경주, 많은 업적을 남겼다.

하지만 1979년 그는 오랜 측근인 중앙정보부장 김재규의 총격으로 생애를 마감했다. 앞서 영부인인 육영수 여사도 1974년 8월 15일 조총련계 문세광의 저격으로 세상을 떠났다.

생가

경상북도 구미시 상모리에 위치한 박정희 전 대통령의 생가는 그가 태어나서 1937년 대구사범학교를 졸업할 때까지 살았던 곳이다. 초가는 방 2칸, 부엌 1, 디딜방아간, 마구간으로 구성되어 있다.

박정희 전 대통령이 태어난 생가 터는 지기로 볼 때 역시 천하의 명당으로 대문 입구에서부터 집안의 양기 기운이 뻗쳐 나오는 곳이다. 뿐만 아니다. 마당 전체와 사범학교 다닐 때까지 공부하고 자던 방안에도 양기가 강하게 올라오고 집안 구석구석 전체가 양기가 가득한 대통령이 나는 명당 터이다. 박정희 전 대통령은 이 생가 터의 기운을 받고 태어나 자라서 역시 대통령이 된 것으로 여겨진다.

〈박정희 전 대통령 생가 대문 앞〉

〈박정희 전 대통령 생가 안〉
저택 본체와 마당 전체가 양기가 가득하고 냉기가 한
줄도 없다.(명당)

〈박정희 전 대통령 생가–공부방 앞〉
양기 가득(명당)

산소

　박정희 전 대통령과 육영수 여사 산소는 서울 동작구 동작동에 소재한 국립묘지인 현충원 안에 있다. 이곳은 풍수지리학상 관산법으로 보아 명당이라고 할 수 있다.

　그러나 저자와 협회 회원들이 살펴본 결과 정작 두 분 산소 봉분의 혈자리는 봉분 전체가 음기가 가득한 흉지이며, 산소 하단으로 수맥이 통과하는 것은 물론 수맥파만 지나가는 것이 아니라 음기가 봉분 및 묘역주위 제전까지 넓게 올라오는 곳이다.

　이러한 산소는 혼백이 편하지 않기 때문에 배우자 및 직계후손(자녀)에게 영향을 주는 산소이다. 이 영향으로 육영수 여사 산소 조성 후 박정희 전 대통령이 비운을 맞이했고 그 후손에게 영향을 미치는 것으로 생각된다.

　다만 박근혜 한나라당 대표가 국회의원과 야당 대표가 된 것은 그 사는 집이 양기가 있는 명당으로 집터 기운으로 성공한 것이니 오해 없기를 당부한다.

　또한 박정희 전 대통령 산소 봉분 우측 활개 쪽으로 3m 옆에는 후손이 대통령 나는 양기가 가득한 명당으로 당시 자리를 지정한 지창용씨 · 육관도사 및 관계자들이 관산법으로 겉모양만 보았지 지기를 못 보아 실수한 것에 국가 장래와 유족들을 생각하여 안타까운 심정이다.

〈박정희 전 대통령과 영부인 묘소〉
봉분 전체 및 주변―음기 노출. 묘역 전체가 음기(냉기)가 가득한 흉지

〈박정희 전 대통령과 영부인 묘소〉
양명기석 처방 후 장면

〈박정희 전 대통령과 영부인 묘소〉

봉분 전체 및 주변-음기 노출. 묘역 전체가 음기(냉기)가 가득한 흉지

〈박정희 전 대통령과 영부인 묘소〉

박 대통령, 육여사 묘소 봉분 및 묘역 전체가 음기(냉기)가 가득한 흉지이고 박 대통령 묘 봉분 3m 우측편이
양기가 가득한 명당이다.

___전두환 전 대통령

1931년생인 전두환 전 대통령은 경상남도 합천 출신이다. 1979년 박정희 전 대통령 서거 직후인 격변기에 새로운 실권자로 급부상했고 1980년 제11대 대통령에 당선됐다. 이어 제12대 대통령에도 올랐지만 국민들의 끊임없는 저항에 부딪쳤고 결국 제6공화국에 정권을 이양했다.

대통령에서 물러난 후에 고난을 많이 겪기도 했다. 국민의 거센 비난에 백담사에 은거하는가 하면 뇌물수수혐의로 구속됐다가 특별사면으로 풀려나기도 했다.

생가

전두환 전 대통령의 생가가 있는 곳은 경상남도 합천군 율곡면이다.

그가 태어난 생가 역시 대문 앞에서부터 우물자리를 제외하고는 집안 전체가 음기가 단 한 줄도 없는, 후손이 대통령 나는 양기가 가득한 명당임을 확인했다. 담장 바로 옆의 집은 음기가 많은 집으로 지기가 양택, 음택의 가장 중요한 알맹이요 핵심인 것이다.

실제 저자와 협회 회원들이 생가 대문 앞에서 조사했을 때 주택 안의 양기로 인해 대문 입구에도 양기가 가득했다. 하지만 생가 담장 밖은 음기가 노출됐다.

또한 생가 마을 주민 집에서 조사한 결과 안방과 학생 방에서 음기가 강하게 노출됐는데 이를 볼 때 바로 옆집이라고 하더라도 양기가 가득하면 명당, 음기에 노출되면 건강이 좋지 않고 집안에 환란이 온다는 것을 알 수 있다.

〈전두환 전 대통령 생가〉
집안 전체가 음기가 한 줄도 없고 양기가 가득(명당)

〈전두환 전 대통령 생가 우물 위〉
우물자리 한 곳만 음기(한기＋수맥파)에 노출

〈전두환 전 대통령 생가 담장 밖〉
음기 노출

〈전두환 전 대통령 생가 옆집 마을주민 집〉
음기에 강하게 노출, 바로 옆집이라도 음기가 가득하면 흉지, 음기에 노출되면 건강에 좋지 않고 집안에 환란이 온다.

부모님 산소

전두환 전 대통령 부모님 산소 역시 양친 산소 봉분 혈자리 전체가 음기가 단한 줄도 없이 양기가 가득한 명당이다. 이러한 곳은 후손이 대통령 나는 명당으로 꼽을 수 있다.

산소 봉분 앞쪽 하단 쪽은 음기가 있었으며, 차후 산소를 쓰기 위해 조성해 놓은 두 곳은 모두 음기가 있어 산소 자리로는 부적합한 곳으로 확인됐다. 예컨대 이곳이 차후 산소로 사용하게 된다면 후손에게 나쁜 영향을 미치게 되는 곳이다.

〈전두환 전 대통령 부모님 묘소〉
봉분 전체에 단 한 줄의 음기도 없고 양기가 가득한 명당. 후손이 대통령 나는 강한 양기의 혈자리

〈전두환 전 대통령 부모님 묘소〉
묘역 아랫단 음기 노출 장면

음기 노출. 후손이 대통령 나는 산소 터는 봉분 혈 전체가 강한 양기가 있어야 하며, 음기가 단 한 곳, 한 줄도 없어야 한다.

〈전두환 전 대통령 부모님 묘소 입구〉
양기 가득(명당)

〈전두환 전 대통령 부모님 묘소 입구〉
묘역하단 음기 노출 장면

___노태우 전 대통령

　대구시 달성 출신인 노태우 전 대통령은 1932년생이다. 1955년 육군사관학교 제11기 졸업 후 군인의 길을 걸었던 그는 1987년 12월 대통령 선거에서 야당의 김영삼·김대중 두 후보를 물리치고 당선됐다.

　하지만 1995년 11월 거액수뢰와 부정축재로 구속됐다가 1997년 김영삼 대통령의 특사로 석방되는 비운을 겪기도 했다.

생가

　노태우 전 대통령의 생가는 대구시 동구 신용동 용진마을에 위치해 있다. 그의 생가 터는 앞마당뿐만 아니라 집안 전체가 음기가 한 줄도 없고 양기가 가득한 대통령 나는 명당인 것으로 확인됐다.

〈노태우 전 대통령 생가〉

〈노태우 전 대통령 생가〉
집안 전체가 음기가 한 줄도 없고 양기가 가득(명당)

산소

노태우 전 대통령의 부모님 양친 산소는 평범하지만 혈자리는 물론 봉분 전체가 음기가 한 줄도 없이 양기가 가득하다.

실제 저자와 협회 회원들이 산소 정면과 산소 주변을 조사한 결과 봉분 전체에서 단 한 줄도 음기가 없고 양기가 가득한 것을 확인했다. 이러한 지기는 후손이 대통령 나는 명당이라고 할 수 있다.

만일 부모님의 산소가 조금만 옆으로 이동했다면 노태우 전 대통령의 운명이 달라질 수도 있었다.

실제 부모님 묘소 봉분 옆 활개부분을 살펴본 결과 2m 옆에는 음기가 노출돼 있었다. 이곳은 대통령이 나는 터와는 거리가 먼 곳이며 부모님 주변에 위치한 산소들도 음기가 노출된 것을 확인했다.

〈노태우 전 대통령 부모님 묘소 봉분 옆〉

〈노태우 전 대통령 부모님 묘소〉

〈노태우 전 대통령 부모님 묘소〉

풍수지리학상 특징이 없는 산소 터이며, 활개나 식물도 부족하나 봉분 혈이 지리학상 양기가 가득한
후손이 대통령 나는 명당

___김영삼 전 대통령

일평생 정치가의 길을 걸었던 김영삼 전 대통령은 1927년 경상남도 거제에서 태어났다. 1954년 거제에서 26세 최연소로 제3대 국회의원에 당선되면서 정치에 입문한 뒤 1992년 제14대 대통령에 당선, 문민정부 첫 대통령에 취임했다.

그러나 정권 말기인 1997년 후반 국제통화기금(IMF)에 긴급지원을 요청, 한국 경제의 파탄과 실정이 표면화되어 김대중 전 대통령에게 정권을 이양하고 말았다.

생가

김영삼 전 대통령의 생가는 경상남도 거제시 장목면 대계 해변가 어촌마을에 위치해 있으며 바다가 한눈에 보이는 대저택이다.

주역상 풍수, 지리학으로 볼 때 관산법상 주산이나 안산 등이 없는 평범한 일반 주택이나 지기학으로 보아 집안 전체가 양기가 가득한 대통령 나는 명당이다.

실제 대문 앞에서부터 마당 몸체 주위 및 큰방은 물론 작은 방 등 방안 전체가 음기가 없고 양기가 가득한 것을 확인했다.

김영삼 전 대통령은 이곳에서 태어나서 자라고 공부했고 양기의 영향으로 태어날 때 형성된 부모 조상의 유전인자 중 우성 유전인자(조상들의 건강한 세포, 용맹성과 지혜)가 양기의 영향으로 활성화되어 태어날 때부터 지혜와 용기가 형성됐고, 대통령의 기상이 머리와 눈과 귀와 입을 통해 열리게 되어 대통령이 된 것으로 여겨진다.

김영삼 전 대통령의 생가 특징은 마당에 세로로 음기(고생줄)가 세 줄이 있어
그 영향으로 청와대 입성하기 전 3번 낙선하고 가택연금과, 테러 등 고생이 있었
다고 생각된다.

〈김영삼 전 대통령 생가〉
집안 전체가 음기가 한 줄도 없고 양기가 가득한 대통령 나는 명당 집터
마당 앞에 음기가 세로로 세 줄이 있다.(고생줄)

〈김영삼 전 대통령 생가 큰방〉

〈김영삼 전 대통령 생가 작은방〉

모친 산소

마을인근 조그만 야산에 김영삼 전 대통령 집과 바다가 내려다보이는 곳에 위치한 모친 산소 역시 풍수학으로 볼 때 별 특징이 없는 평범한 산소이다.

하지만 지기학상 봉분 혈자리 전체가 음기가 단 한 줄도 없고 양기가 가득해 후손이 대통령이나 재벌이 나는 산소이다. 실제 봉분 전체를 조사한 결과 단 한 줄의 음기도 없고 양기가 가득한 것을 확인했다. 다만 모친 묘소 우측 빈자리가 부친 묘소 자리인 것으로 보여 확인을 한 결과 음기가 있는 곳으로 확인됐다.

만일 부친이 김영삼 전 대통령의 대선 전에 지병으로 별세해 모친 우측 자리에 모셔졌다면 음기 기운이 작용해 대통령이 되지 못했을 가능성도 있었다.

따라서 이 역시 김영삼 전 대통령이 대통령이 될 사주인 것으로 생각된다. 아무래도 생가 터 양기 기운이 작용했을 것으로 지기를 통한 하늘의 이치에 새삼 감탄하지 않을 수 없다.

〈김영삼 전 대통령 모친 묘소〉
묘소 봉분 전체에 단 한 줄도 음기가 없고 양기가 가득한 명당
관산법상 좌청룡, 우백호, 주산, 안산이 없고, 평범한 야산에 있는 산소이나 지리학상 대통령 나는 명당

〈김영삼 전 대통령 모친 묘소 우측 터〉
선친 모실 터(흉지), 음기 노출

__김대중 전 대통령

김대중 전 대통령은 1925년 전라남도 신안에서 태어났다. 1960년 강원도 인제 보궐선거에서 제5대 민의원 선거에 당선되면서 정치무대에 진출한 후 줄곧 정치인의 길을 걸었다.

4번의 대통령 출마에도 불구 계속 낙선의 고배를 마시다가 1997년 제15대 대통령 선거에서 대통령에 당선됐다. 민주화와 경제발전 동시추구를 지표로 국정활동을 펼쳤던 그는 2000년 노벨평화상을 수상하기도 했다.

생가

김대중 전 대통령이 태어난 생가는 전라남도 신안군 하의도에 있으며 마을과는 조금 떨어진 외딴 주택이다. 이곳은 평범한 곳으로 볼 수 있다.

그러나 실제 조사를 한 결과 앞서 다른 전직 대통령이 태어난 생가와 같이 담장 울타리 안 집안 마당에서부터 몸체, 방안 등 집안 전체가 지기학으로 볼 때 양기가 가득한 대통령 나는 명당 주택인 것으로 확인됐다.

따라서 양기가 가득한 방에서 잉태되어 태어나 공부하고 우성 유전인자가 활성화되어 대통령이 된 것이라고 할 수 있다.

특징은 마당에 세로로 음기(고생 줄)가 다섯 줄이 있다는 점이다. 이 고생 줄의 영향으로 젊어서부터 대통령 후보가 되어 박정희 전 대통령과 대통령직을 두고 선거를 치루었고 이후 몇 번에 걸쳐 대통령에 낙선했다.

또한 부모님을 하의도 대리의 야산에 모셔 후손에게 좋지 않은 터에 안장했는데 이 터는 음기가 가득해 음기의 영향으로 혼백이 편하지 않아 죽을 고비를 넘긴 것으로 보여진다.

이후 새로이 산소를 대통령이 나는 용인 현재의 터로 모시고 나서 지기의 영향으로 대통령이 나는 일산 저택으로 이사하게 되었고 이곳에서 대통령이 되었다.

〈김대중 전 대통령 생가 마당〉

지기학상 양기가 가득한 대통령 나는 명당이나 마당에 가늘게 세로로 음기가 다섯 줄이 있는데 이는 고생줄이다.

〈김대중 전 대통령 생가 주변〉
양기 노출(명당)

〈김대중 전 대통령 생가 공부방〉
양기 노출(명당)

산소

김대중 전 대통령의 양친 산소는 원래 모셨던 곳이 신안 하의도 대리의 야산으로 이곳은 산소 혈자리가 음기가 있는 곳으로 음기의 영향으로 혼백이 편하지 않아 후손이 좋지 않은 곳이었다.

앞서 말하긴 했지만 이는 생가 마당에 있는 고생줄(음기)의 영향으로 때가 올 때까지 일시적으로 모셨던 곳으로 이후 때에 이르러 용인 현재의 산소로 이장했다.

현재 경기도 용인의 부모님 산소는 봉분(혈) 전체가 음기가 한 줄도 없는 양기가 가득한, 후손이 대통령 나는 명당이다.

이곳은 양기의 영향으로 혼백이 편안하고 또한 양기의 영향이 발동하여 김대중 전 대통령으로 하여금 일산의 명당으로 거주를 옮기게 만들었고 이 영향으로 대통령에 당선되었다.

안타까운 것은 현재의 산소 터를 좌정한 분이 지기를 알았다면 부모님 산소 하단에 있는 첫 부인 산소(연안 차씨)와 그 하단에 있는 집안 분 산소 역시 양기가 있는 명당에 모셨을 것이란 점이다.

저자가 조사한 바 연안 차씨와 집안 분 산소는 음기가 심한 곳에 모셔져 있어 혼백이 편하지 못해 그 후손(김대중 전 대통령 자제)에게 좋지 못할 것이며, 이러한 점이 눈에 보이지 않는 지기(양기, 음기)가 대통령과 재벌을 결정짓는 매개체라는 점을 재삼 강조하는 바다.

〈김대중 전 대통령 양친 산소 - 합장 전〉
이장 전 원래 산소 터(신안 하의도 대리). 음기가 강하여 후손이 망하는 터

〈김대중 전 대통령 양친 산소 - 합장〉
현재(경기도 용인) 이장한 산소. 봉분 전체가 양기가 가득한 대통령 나는 명당

〈김대중 전 대통령 양친 산소 좌측 터〉

〈김대중 전 대통령 차씨 부인 묘〉
경기도 용인(이장)

〈김대중 전 대통령 집안 묘〉

산소 봉분에 음기가 강하게 노출되어 혼백이 편하지 않아 후손에게 좋지 않은 터

__노무현 대통령

노무현 대통령은 1946년생으로 법조인의 길을 걷다가 대통령이 됐다. 경상남도 김해에서 태어났으며 1975년 사법시험에 합격하면서 법조계에 입문했다. 이후 인권변호사로 활동했고 2002년 12월 제16대 대통령 선거에서 대통령으로 당선됐다.

생가

주택 전체(마당, 집안, 방안)가 양기가 가득한 대통령 나는 명당인 것으로 확인됐다. 실제 생가 입구에는 양기가 가득했고 마당 역시 전체가 음기는 한 줄도 없고 양기가 충만한 지기를 보였다.

노무현 대통령이 지냈던 방안도 음기는 전혀 노출되지 않은 반면 양기가 가득해 명당임을 증명해 보이고 있다.

〈노무현 대통령 생가〉

집안 전체가 음기가 한 줄도 없고 양기가 가득(명당)

〈노무현 대통령 생가 입구〉

양기 가득(명당)

〈노무현 대통령 생가 방〉
양기 가득(명당)

산소

노무현 대통령의 양친을 모신 산소 역시 외관은 평범하지만 후손이 대통령 나는 양기가 봉분 전체에 가득한 명당으로 사진 촬영이 허락되지 않아 산소 바로 위쪽에서 확인만 했다.

일단 부모님 묘소 입구에는 양기가 가득했으며 봉분 전체에도 다른 역대 대통령 부모님의 묘소와 동일한 양기가 충만한 명당인 것을 확인했다. 또한 부모님 묘소 2m 위쪽에서 조사했을 때도 양기가 가득했다.

〈노무현 대통령 부모님 묘소 입구〉

〈노무현 대통령 부모님 묘소 봉분 2m 위〉

부모님 산소 봉분 전체가 양기가 가득한 명당(다른 대통령 부모님의 묘소와 동일). 경비 때문에 촬영은 못하고 확인만 했다.

제3장

대통령은 하늘이 지기를 통하여 정한다
(전 · 차기 대통령 후보편)

__춘추전국시대 전초전

대권가도를 향한 현재의 정치 상황은 춘추전국시대의 전초전이다. 대권을 위한 조용한 물밑 행보를 하는 분들이 2007년 말을 대비해 적절한 때를 기다리고 있는 상황이다.

이 분들은 여당이나 야당을 가리지 않고 대권을 향해 특정 이미지를 선점한 주자들과 잠자는 용처럼 탁월한 자질과 오랜 정치적 및 국정 경험을 바탕으로 유권자들의 표심을 얻기 위해 동분서주하고 있다. 그 중 어느 한 분이 이 나라와 국민들의 운명을 맡게 된다.

임금은 하늘이 내린다

임금은 천운이 닿아야 하는 것이고 하늘이 내린다는 것을 옛 선현들의 말씀이나 문헌상으로 누구나 익히 알고 있는 사실이다. 저자는 전·현직 대통령과 연관하여 지기(양기, 음기)를 연구 조사하던 중 몇 가지 공통된 조건들을 발견했다.

우선 대통령은 아무나 될 수 있는 것이 아니어서 하늘이 내려야 하는 점이다. 또한 대통령이 되기 위해서는 본인이 태어나기 이전부터 이미 조상의 음덕이 영향을 미쳐 그 부모님으로 하여금 대통령이 날 수 있는 기운의 지기가 있는 터에 주택이 자리를 잡아야 한다는 점이다.

아울러 그 터에서 잉태해 출생하고 태어날 때부터 대통령이 될 수 있는 터에서 방출되는 양기의 영향을 받아 태어나 자라고 수학해야 한다는 점이다.

이처럼 대통령이 나는 터에서 태어나 자란 분은 그 양기의 영향(기운)이 몸에 익숙하게 배어져 있기에 우연이지만 본인도 모르게 부모님 사후에 두 분 부모님을 음기가 단 한 줄도 없고 양기가 가득하게 방출되는 명당(후손이 대통령 나는 터)에 모시게 된다는 점이다.

그 음택이 양기의 영향을 받아 자신도 모르게 기거하는 주택을 대통령이 날 수 있는 양기가 가득한 명당으로 정해 살게 되는 것도 같은 이치이다.

대통령 운에 닿은 사람은 그 집터 기운의 영향으로 얼굴에 빛이 나며 본인의 의지와 상관없이 집무실 자리마다 양기가 가득한 명당에 배정을 받는다.

따라서 태어날 때부터 마음과 몸에 익숙해진 양기 기운의 영향으로 감히 어떤 누구도 상대해 이길 수 있고, 그 어떤 액운도 지기(양기)의 영향으로 거뜬히 극복하고 피할 수 있게 된다.

대통령은 이처럼 그 분이 태어나기 이전부터 예고된 수순이다. 태어난 터와 부모님 양친 산소 터, 생활하는 주택과 집무실 등 단 한 곳도 예외 없이 양기가 가득한 대통령 나는 명당 터이어야 대통령이 될 수 있다.

차기에 대통령이 되실 분도 이 조건에 부합하는 분이 대통령이 된다. 이는 그 분이 태어나기 이전부터 이미 하늘이 그 부모님을 연계하여 지기를 통해 내린다는 사실을 저자는 확인했다.

저자는 또 이를 확신하며 전·현직 대통령 연구조사 결과로 차기에 대통령이 되실 분(상기 조건에 부합하는 분)을 미리 확인하기도 했다. 저자가 확인한 하늘이 내린 대통령이 되는 조건에 부합하는 분의 결과를 2007년 말이면 확인할 수 있을 것으로 본다.

물론 차기의 그 분도 미리 알 수 있을 것이고 전세계의 대통령, 수상, 국왕 역시 저자의 지기론의 이론으로 미리 알 수 있다.

이러한 사실로 볼 때 세간에서 흔히 지상으로 보도되는 대통령의 국정 능력에 관한 보도나, 국민여론을 볼 때 저자는 그 분의 국정행위나 능력 역시 그 나라의 국운에 맞춰 하늘이 영향을 주는 것이라 생각한다.

저자는 대통령의 통치 행위를 그 개인의 능력이라고 생각하기보다는 하늘의 뜻이라고 생각한다. 따라서 대통령의 정치에 부정이나 반목쟁투하지 말고 긍정적으로 협력해 돕는 것이 국가장래를 돕는 것이고, 우리나라가 세계에서 빛나는 동방의 등불이 되는 길이라고 본다.

그 어떤 분이 대통령이 되든 그 분은 이미 태어나기 이전부터 하늘이 내린 분이기 때문에 언어 표현이 어떠하든, 정책이 어떠하든, 무시하고 반목하기보다 인정하고 사랑하며 협력하는 것이 백성의 도리이며 국가와 자신을 위하는 길이라고 생각한다.

저자가 연구 조사한 지난 대통령 후보 분들의 경우를 몇 가지 사례로 살펴본다.

김종필 전 총재의 경우

그 동안의 정치 경력으로 볼 때 역대 어떤 분들보다도 대통령이 될 자격과 기회가 있었다. 하지만 그 분의 태어난 생가가 대통령이 되기에는 대체로 기운이 부족한 집이었다.

예컨대 집터는 음기가 강한 곳이었고 태어난 방에만 양기가 가득한 명당이다. 전체적으로 생가는 대통령이 나기에는 부적합한 터인 것으로 확인됐다.

그 분의 부모님 산소 터는 세간에 유명한 분이 대통령 나는 명당으로 터를 잡았다고 언론에 보도된 바 있어 저자와 협회 회원들이 기대를 하고 현장을 답사해 조사했다.

결과는 보도와는 달랐다. 외관은 후손이 대통령 나는 천하의 명당으로 보이나 포장뿐이고 정작 부모님을 모신 산소 혈자리는 양기가 한 줄도 없이 음기가 심하게 있는 터인 것으로 드러났다.

이러한 경우 후손이 대통령 나는 터가 아니라 오히려 후손의 운세가 약해질 수 있는 터이며 이장하기 전의 산소 터 역시 음기가 강한 곳이었다.

이회창 전 총재의 경우

지금은 정계에서 은퇴한 이회창 전 총재의 경우 주택과 생가는 조사할 수 없었다. 부모님의 산소 터만 조사가 가능했다.

이회창 전 총재의 부모님 산소 터 역시 공을 들여 대통령이 나는 명당으로 이전했다고 세간에 알려져 있다. 때문에 기대를 하고 조사를 실시했다. 하지만 이 역시 양기가 없고 음기가 강한 곳에 모셔져 있어 후손이 대통령이 날 수 없는 터였음을 확인했다.

당부의 글

이러한 조사결과로 볼 때 터는 아무나 함부로 잡는 것이 아니다. 기존의 동양철학상 풍수학, 지리학, 역학 중에서 그 학문의 겉에 해당하는 관산법상 외관보다 그 속에 있는 핵심인 지기를 감지할 수 있는 유능한 전문가에게 감정을 받아야 한다.

거주하는 주택과 집무실, 부모님 산소 터와 태어난 생가 터를 한치의 오차도 없이 정화하게 감정받고 만일, 대통령이 나기에 부족한 터라면 이장 또는 이진하거나 양명기석으로 처방해 양기가 있는 명당으로 바꾸어야만 대통령이 될 수 있다.

이처럼 중요한 지기가 수천 년 동안 세상에 문헌이나 학문으로 밝혀지지 않은 것은 앞서 언급한 바와 같이 지기가 사람 눈에 보이지 않고 형체가 없는 무형의 기운이었기 때문으로 생각된다.

그러나 이미 수행을 많이 하신 법력이 높은 스님들은 이 지기의 중요성을 알고 있었다. 앞서 설명한 것처럼 조계사 터와 법당 터, 도선사 등 유명고찰의 불전 자리마다 양기가 가득한 천하명당이었다는 것이 이를 반증하고 있다.

　지기학이 그 어떠한 개인의 사욕이나 장사의 목적에 사용되지 않고 널리 세상을 이롭게 하고 사랑하는 내 조국 대한민국의, 또한 전세계 인류의 건강과 행복을 누리는 데 귀히 활용됐으면 하는 것이 저자의 바람이다.

__김종필 전 총재

　김종필 전 자민련 총재는 1926년생이다. 충남 부여 출신인 김 전 총재는 1963년 육군 준장으로 예편하면서 정치에 입문한 것을 시작으로 줄곧 정치가로서의 행보를 걸었다.

　2004년 4월 15일 총선 직후 총선 참패를 책임지고 총재직을 사임, 풍운의 44년 정치생활을 마감하고 정계은퇴를 선언했다.

　이렇게 비운이 온 것은 이장한 산소 터가 당대 최고 유명한 분이 터를 잡아 겉으로 관산법상은 배산임수가 명확한 명당으로 보이나 혈자리가 지기학상 음기가 가득하여 이장 전보다 더 나쁜 흉지에 모신 영향이다.

생가

　김종필 전 총재의 생가는 동네 가운데 자리한 평범한 주택이다. 집 대문 입구에서부터 음기가 있다. 마당, 거실 등도 음기가 대체로 강한 편이다. 다만 태어나신 방만 양기가 가득한 명당이다. 전체적으로는 대통령이 나는 명당은 아니었다.

　김총재께서 총재까지 성공한 것은 사시는 집터가 양기가 강한 명당으로 집터 기운으로 성공한 케이스이다. 대통령은 하늘이 양기를 통해 내리는 바 집이 좋아도 생가와 부모님 산소 등 모든 조건에 부합해야 한다.

〈김종필 전 총재 생가 터 입구〉
대통령이 나지 못하는 집터. 음기 노출

〈김종필 전 총재 태어난 방〉
양기 가득(명당)

김 전 총재의 조부모 산소는 음기가 강한 곳이다. 또한 부모님의 이장 전의 산소 터 역시 음기가 있는 산소였다.

현재 이장한 부모님 산소는 두 분 산소 봉분 혈 전체가 외관(관산법)상으로는 양기가 서린 명당이라고 세간에 알려져 있다. 하지만 확인한 결과 음기가 강한 곳으로 위치와 혈 선정이 잘못됐다.

이처럼 음기가 강한 곳은 후손이 대통령이 날 수 없는 터이다. 오히려 정치 생명을 단축시키는 터라고 할 수 있다.

〈김종필 전 총재 조부모 묘소〉
음기 노출

〈김종필 전 총재 부모님 묘소 - 이장 전〉

음기 노출

〈김종필 전 총재 부모님 묘소 - 현재〉

세간에 명당이라고 언론매체를 통하여 알려져 기대를 하고 감정하였으나 관산(겉모양)은 천하명당이나
지기는 그렇지 못하여 실망하였으며 위치, 혈 선정이 잘못되었다.

___이회창 전 총재

이회창 전 한나라당 총재는 법조인이자 정치가로 서울 출신이다. 1960년 법조계에 입문한 뒤 1996년까지 만 36년간 법조계에 몸담았다. 1996년 1월 신한국당에 입당하면서 정치적 행보를 시작한 뒤 2002년 대권에 도전했으나 노무현 대통령에게 패한 후 정계를 은퇴했다.

산소

이회창 전 총재 부모님 산소는 봉분 혈자리 전체가 양기가 없고 음기가 많은 곳이다. 감정결과 혈의 위치 선정이 무척 아쉽다.

이장한 산소 봉분 혈자리 전체가 양기가 없고 음기가 많은 곳은 후손이 대통령이 날 수 없고 음기의 영향으로 혼백이 편하지 않다. 때문에 오히려 이장 후 정치 생명이 단축된 것으로 저자는 생각한다.

이 터를 대한민국 최고 유관도사라는 분이 좌정한 것으로 아는 바 지기를 모르면 터는 알 수 없는 법, 필자의 도움을 받았다면 이런 실수는 없었을 것이며 귀하신 분들의 터를 엉터리로 잡아주는 일이 앞으로는 대한민국에서 없어지길 희망한다.

〈이회창 전 총재 부모님 묘소〉

산소 봉분 전체가 음기에 강하게 노출되어 후손에게 좋지 않은 흉지.
산소가 음기가 강하면 후손이 안 좋은 집으로 이사를 하게 된다.

〈이회창 전 총재 부모님 묘소〉

고인께 참배하여 명복을 빌고 유족분들께 허락없이 촬영한 점 죄송하나, 전국민이 아는 훌륭하신 분의
부모님 산소 터가 풍수, 역학의 귀중한 자료로 감정한 점 이해하실 줄 믿으며 감정결과 혈의 위치 선정이 아쉽다.

__고건 전 총리

　고건 전 총리는 서울 출생 정치가이다. 10여 년간의 내무부 관료 생활을 거쳤고 제12대 국회의원에 당선되기도 했다. 내무부장관과 서울시장, 국무총리 등을 지낸 고 전 총리는 오랜 공무원생활 중 치밀하고 성실한 행정력을 평가받고 있다.

생가

　고건 전 총리의 선친 옛 자택(어릴 때 일시 거주)은 대체로 입구와 자택 주변에 양기가 많은 편이다. 그러나 방안은 음기가 있는 주택이다. 다만 생가가 아닌 관계로 대통령이 되는 것에는 영향을 미치지 않는다.

〈고건 전 총리 부친이 사시던 터〉
음기 노출

산소

　고건 전 총리 부모님 산소 감정은 밤에 이뤄졌다. 부모님 산소 터는 외관 풍수, 지리학상 명당으로 보인다. 하지만 혈의 선정이 저자 조사결과 아쉬움이 있는 터로 확인됐다.

　고 전 총리의 조부모님 산소 터도 감정을 해봤다. 이곳은 인물이 나는 명당이라고 소문이 나 있는 곳이지만 감정 결과 지기와 혈의 위치 선정이 아쉬운 터로 나타났다.

〈고건 전 국무총리 부모님 묘소〉

〈고건 전 국무총리 조부모님 묘소〉
음기에 강하게 노출. 후손에게 좋지 않은 터

〈고건 전 국무총리 조부모님 묘소〉
인물나는 명당이라고 소문이 나 있지만 혈의 위치 선정이 아쉽다.

__이명박 전 서울시장

생가

이명박 전 서울시장 선친의 집터는 대체로 양기가 많은 편이나 앞마당 등 일부가 음기가 있는 곳이 있다. 이러한 곳에서는 대통령이 나는 터로는 지기가 부족하다. 다만 이 전 시장의 생가가 아니므로 대통령이 되는 것과는 관계가 없다.

〈이명박 전 시장 선친 집터〉

음기 노출 장면. 대체로 양기가 많으나 일부분 음기가 있어 대통령이 나는 터로는 지기가 부족하다.

산소

이 전 시장의 부모님 산소는 합장묘로 묘역 조성이나 외관상으로는 좋은 터이다. 다만 지기학상 혈의 위치 선정이 아쉬움이 있는 산소로 확인됐다.

〈이명박 전 시장 선친 묘소 입구〉

〈이명박 전 시장 부모님 합장묘〉

〈이명박 전 시장 부모님 합장묘〉
관산(외관)법상 훌륭하나 아쉬움이 있는 터

__정동영 전 의장

생가

　정동영 전 열린우리당 의장의 생가는 주변에 물기(건수)가 있는 터였으나 대체로 입구와 주변에 양기가 많은 좋은 터이다. 자란 터 역시 지금은 아무도 살지 않아 폐가처럼 보이지만 양기가 있는 터로 확인됐다.

〈정동영 전 의장 자란 터〉

<〈정동영 전 의장 생가〉>

산소

정 전 의장의 부모님 산소는 풍수지리학으로 볼 때 묘역 활개가 없고 제전이 짧아 명당으로 볼 수 없다. 그러나 지기학으로 볼 때 봉분 혈자리가 양기가 많은 좋은 곳으로 확인됐다. 예컨대 산소 주변 밑 봉분 주위에 양기가 가득했다.

반면 부모님 산소 옆의 조부 산소는 외관상 명당으로 보이나 혈의 위치가 음기가 강한 터이다. 이 영향으로 정 전 의장의 선친께서 일찍 별세하신 것으로 판단된다.

조부모 묘소가 기존의 풍수학자들 사이에 명당이라 소문난 터이나 외관만 그럴 뿐 저자 조사결과 지기학상 음기가 강하여 후손이 좋지 않은 터이다.

〈정동영 전 의장 부모님 묘소〉

묘소 주변 및 봉분 주위

〈정동영 전 의장 조부모님 묘소〉

조부모 묘소가 기존의 풍수학자들 사이에 명당이라 소문난 터이나 외관만 그럴 뿐 저자 조사결과 지기학상
음기가 강하여 후손이 좋지 않은 터이다.

__정일형 박사

정일형 박사는 정치가로서 평남 용강 출신이다. 일제강점기 때 연희전문학교 교수로 재직했고 1950년 제2대 국회부터 제9대 국회까지 8선 의원으로 활동했다.

1967년 신민당 부총재가 됐고 국토통일원 고문으로 추대됐으나 1976년 유신을 반대하는 '3 · 1명동사건'에 연루돼 의원직을 상실한 후 재야에서 활동했다.

산소

정일형 박사의 산소는 현충원에 있다. 산소는 좌향으로 외관은 좋은 것처럼 보인다. 하지만 감정 결과 봉분 혈자리가 음기가 강한 곳으로 후손에게 영향이 있을 것으로 판단된다.

〈동작동 현충원 정일형 박사 묘소〉

〈동작동 현충원 정일형 박사 묘소〉

봉분 전체에 음기가 강하게 노출되어 후손에 좋지 못하다.

제4장

재벌회장은 하늘이 지기를 통하여 내린다
(재벌회장편)

__재벌이 되는 조건

재벌이 되는 터는 조사 결과 ▲첫째로 그 태어난 생가 터이고 ▲둘째로 부모님 산소 터이며 ▲셋째가 그 분들의 사는 집터이고 ▲넷째가 사옥 터이다. 이 네 가지 조건이 일치해야 하늘이 내린 재벌이 된다.

생가 터에 돈줄 존재

재벌이 나는 생가 터는 집 몸체에 한 곳도 음기가 없으며 울타리 안 우물을 제외하고는 양기가 가득한 명당이어야 한다. 대통령이 나는 터와는 달리 반드시 몸체와 마당 사이로 가는 음기가 한 줄 지나가야 재벌이 나는 명당이다.

실제 재벌이 된 분들의 생가와 집터를 조사한 결과 재벌 회장님들은 예외 없이 상기의 터와 같은 곳에 태어나고 살고 있는 것이 확인됐다.

또한 현재 경영권을 상속받은 삼성그룹의 이건희 회장을 포함, 2세대 회장들은 부모님 산소 터를 명당으로 모시고 사는 집과 그 후세(3세)가 사는 집을 재벌이 나는 터로 잡아야 기업이 계속해서 성공적으로 유지될 수 있으리라고 생각된다.

특이한 것은 1세 회장님의 사후 그 유택을 음기가 있는 곳으로 모시고 나면 달라진다는 점이다. 예컨대 본인이 사는 집도 우연히 음기가 있는 곳으로 이사하게 되고 사옥이나 사업장을 음기가 강한 곳으로 이전하거나 새로이 터를 잡는다.

이로 인해 점차 재운이 쇠하여지고, 집안에 우환과 환란이 생기며 음기가 있는 곳에서 잠자고 생활하게 되어 몸이 병들기도 한다.

일례로 저자가 조사한 삼성그룹의 이건희 회장의 경우 집 내부는 조사할 수 없었으나 저택 입구를 조사한 결과 이전에 살던 집은 집안에 음기가 강한 곳으로 병이 생기는 곳이었다.

현재 새로 이사한 곳 역시 집안으로 들어갈 수 없어 입구만 조사했기 때문에 분명한 사실을 알 수는 없지만 입구만으로 음기가 강한 곳이므로 재운이 쇠하여질 수 있고 몸이 상하며 우환이 올 수 있는 곳이다.

LG그룹의 구본무 회장이 새로이 이사해 사는 집은 달랐다. 그곳은 삼성을 포함해 대기업 회장들이 밀집되어 있는 동네에 자리잡고 있다.

그럼에도 불구하고 입구를 조사한 결과 양기가 가득한 천하의 명당으로 하늘이 내린 재운이 유지되는 집이며, 우환이 생기지 않고 운이 성해지는 명당인 것으로 확인됐다.

또한 두산 박용성 회장이 사는 집은 입구 조사결과 음기가 있는 곳이고, 현대 정몽헌 회장이 살던 집도 음기가 강하게 있는 곳으로 저자의 확인결과 나타났다. 반면 농심 신춘호 회장이 사는 집은 양기가 강한 명당이었다.

사업장 터 역시 재벌의 조건에 필수적이다. 조사결과 양기가 강한 자리에 본사 사옥 터가 있는 기업은 성공했고 음기가 강한 곳의 기업체는 예외없이 부도 또는 패망하였다.

'부자의 길' 유지법

저자는 이에 안타까움을 금할 길이 없다. 이 같은 현상이 나타나는 이유는 풍수지리학의 기본인 눈에 보이는 관산법상의 명당 터에는 속하나 정작 가장 중요한 지기를 놓친 결과라고 생각된다.

물론 그 분들이 전문가 도움을 얻어 정성들인 터라고 생각하지만 지기를 정확하게 보고 감정하는 것이 전문가라고 하더라도 쉽지 않기 때문에 터 감정에 우를

범한 사례라고 판단된다.

이처럼 음기가 있는 곳에서 생활하게 되면 사람을 뽑을 때나 생각하고 결정을 내릴 때, 새로이 사옥을 이전할 때 그 분들의 몸에 음기가 익숙하게 되고 손해되는 사람을 채용하게 되어 우환이 생기기도 한다.

뿐만 아니다. 마음이 우울해지고 음기에 강한 생각과 결정으로 손해를 보고 현재의 명당 사옥을 음기가 강한 곳으로 이전하게 된다.

이러한 현상은 우연 같지만 우연이 아닌 필연이다. 결과가 있으면 원인이 반드시 있기 마련이다. 여기에 해당하시는 분들은 반드시 그 부모님의 산소 터부터 다시 감정해 명당으로 이장하거나 처방해야 한다.

주택 역시 양기가 강한 재벌 나는 명당으로 이사하고 사옥은 이전하느니 예전의 명당에서 그냥 있는 것이 최고의 현명한 선택이다. 이것이 하늘이 내린 부자의 길을 유지하는 방법이다.

__재벌들의 여섯 가지 공통점

하늘이 내린 큰 부자는 윗대 조상님들이 생전에 쌓은 공덕의 결과로 그 분들 후손에게 큰 재물운을 주시는 것이다. 이것은 종교를 초월해 공통점이 있다.

공통점 1

태어날 때부터 그 분들의 사주를 보면 재물운을 타고났다. 뿐만 아니다. 재물운과 함께 명예운도 있다. 다만 건강운은 사람에 따라 다르게 나온다.

공통점 2

큰 부자는 하늘이 그 분들의 부모님으로 하여금 태어날 터를 명당에 자리잡도록 보이지 않게 도와준다. 때문에 그 태어난 터는 집 출입문에서부터 마당 집안 전체가 양기가 가득하다. 이 양기 기운으로 인해 집안에 사람이 들면 편안하고 외부 열이 없이도 따뜻하다.

이러한 집에서 태어나 자란 사람은 기상과 기운이 넘치고 지혜가 있다. 태어날 때부터 양기 기운에 몸과 마음이 익숙하게 적응되어 있다.

때문에 집안과 집밖에서 사람을 만나면 만나는 사람 10명 중 2명이 같은 양기의 사람으로 재물과 이익을 준다. 나머지 8명은 음기 기운에 익숙한 사람으로 손해와 피해를 선사한다.

하지만 자신도 모르게 만난 10명 중 양기의 사람들의 말이 편해 좋은 느낌을 받고 음기의 사람을 식별할 줄 아는 감각을 타고난 덕분에 구분해 거리를 두므로 손해를 입지 않는다.

게다가 일정한 시간이 지나면 음기 기운에 익숙한 사람들이 저절로 양기 기운에 눌리어 이기지 못하고 멀어지게 된다. 그래서 언제 어떤 곳에서 누구를 만나더라도 스스로 경계하지 않아도 주변에 재물을 주고 이익을 주는 양기의 사람들로 채워진다.

공통점 3

큰 부자는 태어날 때부터 양기에 몸과 마음이 익숙해져 있다. 때문에 누구를 만나도 두려움이 없다. 외출해 길을 가거나 낯선 곳에 가더라도 항상 감각적으로 해로운 음기 기운이 있는 곳(장소)을 피해 양기가 있는 장소를 택한다.

집을 새로이 정할 때도 마찬가지이다. 드는 재문이 활짝 열리고 나가는 재문이 닫혀 재산을 모으는 양기가 가득한 명당으로 집을 선택한다.

사업장소 역시 사무실 및 공장 등 자신도 모르게 양기가 가득한 명당 터에 자리를 잡아 하는 일마다 돈을 벌고, 재산을 모으게 된다.

공통점 4

하늘이 내린 큰 부자의 생가 터는 조사결과 한 분도 예외 없이 집 몸체와 마당 사이에 가늘게 음기 기운이 한 줄 가로로 지나갔다. 이것이 바로 큰 부자가 되는 명당 터이다.

이것은 판별해 내기가 매우 힘이 들고, 기존의 풍수·역학으로는 식별할 수 없으며, 기공을 오랫동안 수련하고 내공이 경지에 오른 사람들만이 식별해 내는 능력이 있다고 할 수 있다.

하늘이 내린 큰 부자는 조상의 음덕으로 그 직계 부모님 산소 터를 통해 재물을 내린다. 그 분들의 부모님 산소 터는 봉분 전체가 양기가 가득한 명당에 모셔져 있는 것이 공통적이다.

이는 매장으로 모시거나 화장해 납골당이나 납골묘에 모신다고 해도 똑같이 영향을 미친다.

화장을 하더라도 매장과 같이 반드시 양기가 가득하고 음기가 한 줄도 없는 명당에 모셔야 하는 이유가 여기에 있다. 그 터의 지기의 영향으로 조상의 영기가 후손에게 큰 부자가 될 수 있도록 보이지 않지만 항시 곁에서 도와주신다는 것이 저자의 생각이다.

집은 인생에서 누구에게나 사랑하는 가족의 보금자리이자 그 무엇보다 신성하며 잠자고 생활하는 곳이다. 따라서 큰 부자가 사는 집은 부모님으로부터 태어날 때 그렇듯이 반드시 양기가 가득한 명당에 터를 잡아 살아야 한다.

큰 부자는 하늘과 부모님 덕으로 이룬 바 이를 유지하기 위해서는 보수나 이사할 때 반드시 제대로 터를 감정할 줄 아는 전문가의 도움을 받아야 한다. 그래야 이전의 집보다 양기 기운이 부족하지 않은 명당 터에 거주를 할 수 있다.

만일 거주하는 곳이 재문만 열려 있고, 주로 생활하는(잠자고 앉아 있는) 방과 거실이 음기가 있는 집이라면 몸이 상한다. 게다가 자고 앉아 있는 시간이 길어질수록 음기 기운에 자신도 모르게 익숙하게 되어 차츰 운이 기울게 된다.

저자가 현재 전세계 하늘이 내린 큰 부자 분들이 살거나 이사한 집터를 대문 입구에서만 조사한 결과 창업하신 분들의 집터와는 달리 음기 기운이 가득한 곳으로 이사해 사시는 것을 확인했다.

그런 분들은 몸에 병이 오거나 돌연 자살을 하시게 되는 경우나 본인 혹은 그 가족에게 우환이 발생하는 것을 보고 안타깝게 생각한다.

또한 집 이사와 동시에 사옥이나 공장 이전시 본래의 명당 터(성공한 곳)에서 그곳을 팔거나 버리고 음기 기운이 강한 곳으로 이전한 경우, 너무나 안타까운 심정이다.

하지만 그 분들의 집터나 사업장에 경비 또는 경호가 전·현직 대통령보다도 더 삼엄해 직접 만나서 알리고 감정할 기회가 없어 이 역시 하늘의 뜻이라고 저자는 생각한다.

결론적으로 저자는 돈을 벌고 가족이 건강한 집일 경우 전문가의 도움 없이 함부로 수리 또는 이사하지 말았으면 하는 바람이다. 선대에서 성공했던 사옥과 공장 역시 함부로 버리거나 팔고 이전하지 않았으면 한다.

그 이유는 하늘이 내린 큰 부자든, 작은 부자든, 범인이든 그 누구라도 피땀 흘려 노력하는 사업은 신성한 것이기 때문이다. 만일 집과 사업장을 부득이 옮길 때는 전문가의 도움을 얻어 현재보다 더 양기가 많은 명당으로 이사를 해야 지속적으로 건강하고 사업도 번창하게 된다.

___롯데 신격호 회장 생가

신격호 회장은 일제시대 때인 1922년 경남 울주군에서 5남5녀의 대식구를 둔 평범한 농가에서 태어났다. 1941년 현해탄을 건너 사업을 일군 신 회장은 현재 재계 최고 명문가로 성장시켰다.

실제 롯데그룹은 국내보다 더 큰 사업규모를 지닌 일본롯데도 함께 가지고 있다. 여기에다 국내 사업규모를 합하면 국내 어떤 그룹에도 뒤지지 않을 정도의 사업규모를 영위하고 있다.

생가 터

신격호 회장이 태어난 생가 터는 울산시 울주군 언양읍 삼동면에 위치한 외딴집이다. 산밑에 위치해 산과 앞의 강(하천)이 조화를 이룬 외관상으로도 명당이다.

지기학상으로 볼 때 울타리 출입구 싸리문 입구에서부터 양기가 가득하다. 마당이나 집안 전체가 대통령 생가처럼 양기가 가득한 명당이다. 재벌이 나는 터의 특징인 집 몸체와 마당 사이에 가로로 음기(돈줄)가 한 줄 지나가 있는 대표적인 재벌 나는 명당 터인 것으로 확인됐다.

사실 부자가 사는 집은 들어가는 입구가 재문이 활짝 열려 있다. 반면 나오는 재문은 정확하게 대문 중앙에서 닫혀 있다. 신 회장의 생가 터가 바로 그러하다.

실제 신 회장 생가 터의 경우 멀리서 봐도 양기 기운이 넘쳐 따뜻하고 편안한 명당이다. 생가 몸체와 마당 사이에 가로로 음기 기운이 한 줄만 지나가 있고 집 전체가 양기가 가득했다. 거부가 나는 명당인 것으로 확인됐다.

<신격호 회장 생가>

<신격호 회장 생가>
생가 전체가 양기가 가득하고
몸체와 마당 사이에 돈줄이 한
줄 지나간 재벌나는 명당

___삼성 이병철 창업주 생가

국내 최대 재벌그룹의 창업주인 이병철 회장은 1910년생이다. 경주 이씨 문중의 부친 이찬우씨와 안동권씨 문중의 모친 권재림씨 사이에서 2남2녀 가운데 막내로 태어났다. 1926년 부친이 정해준 순천박씨 문중의 박두을씨와 결혼, 3남4녀를 뒀다.

이 창업주는 청과물 판매상에서 출발, 오늘날 세계적 삼성그룹을 키웠다. 천부적인 투시력과 재능을 가진 사업가이자 정보수집과 분석의 대가였던 그는 누구보다도 멀리 미래를 내다볼 수 있는 안목을 갖고 있었다.

자신의 뜻을 반드시 실현시키고야 마는 용병의 달인이기도 했던 이 창업주의 탁월한 능력과 노력으로 삼성그룹이 우뚝 설 수 있게 되었다고 본다.

생가

이병철 회장 생가는 대구 시내 시장 안에 위치한 주택가 안에 있는 저택이다. 이곳은 풍수지리학상 특징이 전혀 없는 평범한 일반 주택으로 보인다.

그러나 지기학상으로 볼 때 출입구 대문 입구부터 양기가 가득한 명당이다. 게다가 집 몸체와 마당 사이에 돈줄이 한 줄 지나가고 있다. 들어가는 재문이 활짝 열려 있으며 나오는 재문은 닫혀 있다. 한마디로 재벌이 나는 명당 터이다.

〈이병철 회장 생가〉

허락을 얻지 못하여 내부를 촬영하지 못해 안타까우나, 집안에 양기가 가득한 명당이며, 들어가는 재문이
활짝 열려 있으며 몸체와 마당에 돈줄이 지나간 재벌 나는 명당임을 알 수 있었다.

〈이병철 회장 생가 대문〉

<이병철 회장 생가 담장 밖>

집안에 양기가 강하면 집밖은 음기가 그 경계 밖으로 있게 된다.

창업주 생가 옆집

이병철 창업주의 생가 담장 옆에 위치한 일반 사람이 살고 있는 건물은 어떠한 지 감정을 해보았다. 그 결과 이 창업주의 생가와 달리 바로 옆집임에도 불구하고 음기가 심하게 있는 주택으로 확인됐다.

이러한 사실로 볼 때 지기는 눈에 보이지 않지만 20㎝ 옆이 다르게 올라오는 기운으로 전문가도 세심하게 주의해서 감정하지 않으면 실수를 할 수 있는 기운이라는 것을 알 수 있다.

〈이병철 회장 생가 옆집〉
음기가 강하여 사업이 어렵게 되고 건강이 나빠지는 터

___한화 *김승연 회장 생가*

　김승연 회장의 부친은 김종희 창업주이다. 김종희 창업주는 생전 슬하에 2남1녀를 두었는데 그중 김승연 회장은 장남이다. 김종희 창업주가 한화그룹의 모태가 된 한국화약을 창업한 것은 1952년이다. 화약에 대한 기초지식을 갖춘데다 계수에 밝고 기억력이 뛰어났던 그는 그 후 화약사업에서 크게 성공했다.

　김승연 회장은 1981년 김종희 창업주가 갑자기 타계하면서 29세의 나이로 부친의 뒤를 이어 그룹 회장에 올랐다. 그 후 명실상부한 대그룹의 면모를 과시하며 오늘날에 이르고 있다.

생가

　김승연 회장 생가는 사방이 논 가운데 위치한 마을 입구에 있는 평범한 일반 주택 터이다. 그러나 지기학상 대문 입구에서부터 집안 전체가 양기가 가득하여 몸체와 마당 사이에 가로로 돈줄이 한 줄 지나가 있는 재벌 나는 명당 터이다.

　실제 생가 대문 앞에서 감정을 한 결과 양기가 가득하여 재물이 들어가고 새지 않는다. 생가 몸체 자리 역시 마찬가지였다. 또한 생가의 몸체와 마당 사이에는 가로로 음기 기운이 한 줄 지나가고 있었다.

　결론적으로 김승연 회장 생가는 멀리서 봐도 양기 기운이 넘쳐 따뜻하고 편안한 명당이다. 게다가 몸체와 마당 사이에 가로로 음기 기운이 한 줄 지나가고 있고 집 전체에는 양기가 가득하다. 이러한 곳이 바로 거부가 나는 명당이다.

〈김승연 회장 생가〉
원래 몸체 자리와 마당 사이에 돈줄이 한 줄 지나가고 있는 부분

〈김승연 회장 생가 대문〉
집안에 양기가 가득하여 재벌
나는 명당

__LG 구본무 회장 자택

　LG그룹은 재계혼맥의 본산이라고도 일컫는다. 또한 현재 삼성그룹과 함께 재계 양대산맥으로 명명된다. 포목상에서 출발한 후 재계의 거목으로 자리매김했다.

　구본무 회장은 구인회 창업주의 장손자이다. 구인회 창업주는 생전 슬하에 6남 4녀를 출가시켰으며 창업주의 장남이던 구자경 전 회장도 4남2녀를 뒀다. 그중 구본무 회장이 장남인 것이다.

자택

　구본무 회장 자택은 대저택이다. 내부 조사 없이 입구만 조사했음에도 양기가 가득하다는 것을 확인했다.

　실제 대문 입구 조사 결과, 들어가는 재문은 활짝 열리고 나오는 재문이 굳게 닫힌, 집안에 양기가 가득한 명당으로 집안 역시 역대 재벌이 태어나 사는 재벌 나는 명당으로 판단됐다.

　이처럼 양기가 가득한 명당에서 생활하고 잠을 자는 주택 안에 거주하는 사람은 양기의 영향으로 태어날 때 부모 조상에게 물려받은 유전인자 중 우성 유전인자가 활성화된다.

　반면 병적 유전인자 및 우울하고 포악하며 쇠약한 기운으로 음기에 해당하는 열성 유전인자가 억제된다.

이러한 영향으로 그 사람으로 하여금 눈과 귀와 두뇌 지각이 열리게 되어 지혜
가 생기고 병 없이 건강하며 운을 성하게 하여 기업 경영에 도움을 주고 빛나게
만든다.

때문에 이 저택에서 거주하는 사람이 경영하는 기업은 현재도 번성한다. 앞으
로도 세계적인 기업으로 더욱 번성할 것으로 여겨진다.

〈구본무 회장 자택〉
집안에 양기가 가득하여 대문 앞에 양기가 방출되는 장면. 재벌 나는 명당

___농심 신춘호 회장 자택

농심그룹은 새우깡과 신라면으로 유명하다. 그곳의 선장이 바로 신춘호 회장이다. 신춘호 회장은 롯데그룹 신격호 회장의 동생이기도 하다.

신춘호 회장은 1965년 롯데공업을 설립함으로 농심의 태동을 알렸고 주력사인 농심 외에 라면봉지 생산업체인 율촌화학과 할인점 메가마트 등 계열사를 거느리고 있다. 농심뿐만 아니라 대부분의 계열사들이 순이익을 내면서 성장가도를 달리고 있는 중이다.

자택

신춘호 회장 자택은 대문 입구를 조사한 결과 역시 양기가 가득한 명당으로 돈이 들어가는 재문이 활짝 열려 있고 나오는 재문이 닫혀 있는 부자가 되는 터로 확인됐다. 실제 자택은 멀리서 봐도 집안에 양기가 가득한 편안한 명당이다.

실제 저자가 조사한 결과 사람이 이사를 할 때 그 당시 그 사람의 사주를 보면 일생에서 재운이 왕성하고 들어올 때는 재문이 열린 명당으로 이사하게 된다. 또한 그 부모님이 돌아가시면 명당으로 모시게 되고, 사업장을 이전해도 역시 명당으로 이전하게 된다.

이 같은 현상은 우연 같지만 하늘의 이치이다. 100명을 감정하면 100명이 모두 똑같이 명당으로 나온다. 그렇지 못한 사람은 그 반대의 결과가 나온다. 이사를 할 때 신중에 신중을 기해야 하는 이유가 바로 여기에 있다.

〈신춘호 회장 이사 전 자택〉

양기가 가득하여 재벌 나는 명당. 이사 후 터가 우려된다.

〈신춘호 회장 이사 전 자택〉

양기 감지 장면

___현대 정몽헌 회장 전 자택

고 정몽헌 전 현대아산 회장은 고 정주영 현대그룹 창업주의 다섯 번째 아들이다. 정 회장은 2000년 1월 세칭 '왕자의 난'을 겪으면서 현대家를 떠나 현대건설과 현대상선 등 '소(小) 현대그룹'을 이끌었다.

정 회장은 정주영 창업주의 아들 중 가장 그를 빼어 닮은 것으로 평이 나 있었다. 외모는 물론 성격적인 면이나 추진력까지 유사했다고 한다.

왕자의 난으로 정 창업주의 후계자로 지목받았던 정 회장은 창업주의 숙원사업이었던 대북 사업을 계승, 꾸준히 추진했다. 하지만 2003년 8월 4일 새벽 '자살'이라는 충격적인 비보를 알리며 생을 달리했다.

자택

정몽헌 회장 자택은 서울 성북구 성북2동에 위치해 있다. 일본대사관 후문 바로 아래쪽에 위치한 하얀색 대리석 2층집이 그곳이다. 외형으로 보았을 때는 도저히 재벌의 저택이라고는 생각되지 않을 만큼 수수하다.

정 회장 자택 대문 입구를 조사한 결과 지기학상 음기가 매우 심해 집 주위 전체를 감싸고 있었다.

이러한 음기가 심한 주택에 잠자고 생활할 경우 사람은 우울증에 빠질 수 있고 유전인자 중 우성 유전인자가 억제되고 열성 유전인자가 활성화되어 병자가 날 수 있다. 또 우환이 올 수도 있다.

기업을 경영하는데 있어서도 집안에 가득한 음기의 영향을 받는다. 예컨대 몸이 음기에 익숙해지고 그 영향으로 눈과 귀와 두뇌와 입이 태어날 때의 본연 모습이 없어지고 손해가 되고 위축되는 성향으로 기업을 경영하게 되기 때문이다.

그 결과는 좋지 않을 수도 있다. 정 회장의 자살도 이와 무관하지 않는 것으로 판단된다. 음기가 심한 주택에서 잠을 자고 생활하면서 받았던 음기 기운으로 인해 그러한 결과를 낳았을 것이라는 게 저자의 분석이다.

〈정몽헌 회장 생전 자택〉
집안과 주위에 음기가 강하게 노출되어 우환과 실패가 온다.

정몽헌 회장 자택 주변의 경우 경계 밖은 양기가 강하며 경계 안쪽은 음기에 노출되었을 가능성이 높다. 호랑이는 본능적으로 양기가 있는 곳으로 가서 잠을 자며, 고양이는 음기가 있는 곳을 좋아한다.

실제 조사를 한 결과 서로 마주보는 두 집을 경계로 밖에서 대조적으로 한쪽은 양기가 많고, 한쪽은 음기에 노출됐다. 집안 내부는 반대일 가능성이 강하다.

〈정몽헌 회장 자택 입구〉
음기 노출 장면

〈정몽헌 회장 자택 주변〉
담장 밖은 집안과 지기가 반대로 나타난다.(양기 노출)

___삼성 이건희 회장 자택

이건희 삼성그룹 회장은 이병철 삼성그룹 창업주의 셋째 아들이다. 이 창업주는 평소 능력주의를 신봉했고 이 회장은 이러한 부친으로부터 경영자질을 인정받아 경영대권을 이어받았고 제2대 회장으로 삼성그룹을 이끌고 있다.

이 회장은 공격적 경영, 전략적 경영으로 삼성그룹을 국내는 물론 세계의 반석 위에 올려놓았다. 1987년 정식으로 취임한 이후 삼성의 제2창업·세계 초일류기업으로의 도약을 독려, 삼성의 방향을 재정립하는데 성공한 기업가이다. 또한 2대 삼성호의 쾌속행진은 지금도 현재진행형이다.

집무실(전 자택)

이건희 회장 집무실(이전 자택)은 대문입구 조사결과 고 정몽헌 회장 자택과 같이 음기가 심하여 그 기운이 주택 주위를 강하게 감싸고 있다.

자택

현 자택은 경비와 경호가 삼엄하여 집쪽 대문 입구만을 촬영했다. 하지만 이도 삭제를 당하여 반대쪽을 조사한 결과 입구가 음기에 강하게 노출되어 있었다. 이러한 주택은 유전인자 중 우성 유전인자가 억제되고 음기의 영향으로 열성 유전인자가 활성화되어 병자가 날 수 있으며 우환이 올 수 있는 주택으로 판단된다.

〈이건희 회장 이전 자택〉
음기에 강하게 노출. 우환이 오고 손해를 볼 수 있다.

〈이건희 회장 현재 자택 대문 앞 전경〉
음기에 강하게 노출

자택 주변 주택

　이건희 회장 현재 자택 옆집 대문 입구 조사결과 역시 음기가 심한 주택이다. 지기가 음기로 강하게 올라왔다. 이 같은 경우 음기가 있는 주택과 같은 영향이 올 수 있다.

〈이건희 회장 현재 자택 옆집〉

__두산 박용성 회장 자택

박용성 회장은 고 박두병 초대회장의 셋째 아들이다. 대한상공회의소 회장을 비롯, 국내외 공식 직함만 60개가 넘는 '재계의 마당발'로 유명하다.

박 회장은 국제상공회의소(ICC) 회장, 국제유도연맹(IJF) 회장, 국제올림픽위원회(IOC) 위원 등을 맡으며 글로벌 무대에서도 알려져 있다.

박 회장이 경영자로서 부각된 것은 외환위기 이후 '기업 구조조정 전도사'로 화제를 불러모으면서부터이다.

당시 그룹의 구조조정을 성공적으로 이끌어 기업 리모델링의 전형을 제시했다는 평가를 받았다. 대한상의 회장에 오른 이후에는 재계의 대변인 역할을 하면서 '미쓰터 쓴소리'라는 별명도 얻었다.

자택

박용성 회장 자택은 고 정몽헌 회장 자택이나 삼성 이건희 회장 자택, LG구본무 회장 자택과 멀지 않은 같은 동네에 위치해 있다.

자택은 풍수지리학상 세간에 알려진 것처럼 그 동네가 관산법으로 볼 때 특징이 있다. 하지만 무엇보다 외관은 중요치 않고 그 주택이 위치한 터의 지기가 중요하다.

저자가 대문 입구를 조사한 결과 음기가 심한 주택으로 나타났다. 따라서 이 주택에 거주하는 사람들의 건강이 염려되고 운이 쇠해질 수도 있다. 게다가 우환이 올 수 있으므로 조심할 것을 조언하고 싶다.

〈박용성 회장 자택〉

음기에 강하게 노출. 드는 재문이 닫히고 나오는 재문이 열림
대문 입구는 주택 주인의 사주상 운과 동일하게 작용한다.

〈박용성 회장 자택〉

자택 옆집

　박용성 회장 자택 옆집은 대문 입구를 조사한 결과 땅속에서 따뜻한 양기가 강하게 방출되는 명당이다. 주택 주변을 따뜻한 양기가 감싸고 있는 지기학상 명당인 것으로 확인됐다.

　이러한 주택에 거주하는 사람은 돈을 벌고 손해보지 않으며 우환이 생기지 않는다. 양기 기운으로 유전인자 중 우성인자가 활성화되어 지각이 깨어 있고 지혜가 열린다. 얼굴에 혈색이 좋으며 인상이 굳어지지 않고 환하게 피어나 빛이 난다.

　따라서 다른 사람들보다 빛나고 하는 일이 성공하며 양기의 영향으로 사업장 터를 양기 가득한 명당에 우연처럼 잡게 하여 부자가 되는 집이다.

〈박용성 회장 자택 옆집〉
양기가 강한 명당

___한국명당지기협회 이종두 회장 생가

생가

저자의 생가는 경북 성주군 대가면 칠곡리 위치한 산골마을 15평 남짓한 고성 이씨 종가집이다.

평범한 주택 터이지만 지기학상 몸체 자리와 마당 및 집터 자리 전체가 양기가 가득한 명당이다. 게다가 몸체와 마당 사이에 가로로 돈줄이 한 줄 지나간 재벌 나는 명당 터이기도 하다.

실제 생가의 형태(집)는 없어졌지만 생가 터를 조사한 결과 전체적으로 양기가 가득, 편안한 명당으로 나타났다. 또한 몸체가 있던 자리와 마당이던 자리에는 가로로 음기 기운이 한줄(돈줄)만 지나고 있었다.

이러한 터에서 태어난 사람은 유전자 중 우성 유전인자가 활성화되어 어릴 때 부터 지각이 깨어나 재벌이 되는 터이다.

<이종두 회장 생가 터>

경북 성주. 양기가 강하고 몸체자리와 마당 사이에 돈줄이 지나간 재벌 나는 명당 터

부모님 산소(납골당 일산 청아공원)

저자의 부모님 유골을 봉안한 납골당 터는 양기가 사방에 가득한 명당이다. 이러한 명당에 고인의 유분을 모시면 혼백이 편안하여 그 영기의 영향으로 후손은 재벌이 되며 큰 인물이 될 수 있다.

세간에 화장하면 무해무탈(無害無脫)하다고 상식 없이 이야기하는 분들은 이 기회를 들어 향후 화장한 조상의 유분을 반드시 양기가 가득한 명당 터에 모실 것을 조언한다.

만일 화장한 조상의 유분을 음기가 심한 납골당이나 납골묘에 모시거나 산이나 강에 뿌리고 수목장을 한다고 음기가 심한 나무 밑에 뿌린다면 혼백이 편하지 않아 그 후손이 패망하는 길이라는 것을 알려주고 싶다.

〈이종두 회장 부모님 납골당〉
일산 청아공원. 부모님 유분이 양기가 강한 후손이 재벌나는 명당 터

제5장

성공과 실패는 지기에 있다
(대기업 사옥편)

__사옥 터는 기업 성패 첫째 조건

기업의 성공과 실패는 무엇보다 그 기업의 주된 업무를 보고, 주인인 회장 집무실이 위치한 본사 사옥 터에 달려 있다.

역대 국내 대기업 사옥 터를 저자가 조사해본 결과 현관 출입구부터 내부까지 양기가 사옥 전체에 가득한 곳은 명당이요, 그런 명당 터에 사옥을 둔 회사는 사세가 날로 커져 세계적인 글로벌 기업으로 성공한 것으로 확인됐다.

반면 현관 출입구와 내부에 음기가 강한 곳은 그 사옥으로 입주하여 결과가 좋지 못한 것으로 나타났다. 이를 근거로 저자는 본사 사옥 터가 그 기업의 성공과 실패를 결정짓는 첫 번째 조건이라고 생각한다.

흔히 풍수계에서 주장하는 관산법상 외관의 조건보다도 지기가 첫째인 것이다. 실제 사옥 전체에 양기가 가득한 명당에 사무실을 둔 기업은 회장과 임직원을 포함한 모든 사원이 밝고 건강하며 날로 발전했다.

반대로 사옥의 터가 지기가 음기인 곳은 사운이 기운다. 예컨대 주인인 회장과 임원을 비롯하여 말단 사원에 이르기까지 그 터에서 방출되는 음기에 익숙해지기 때문이다.

음기에 익숙해질 경우 장시간 앉아서 업무를 보면 몸에 피로를 느끼며 사무실의 냉기(음기)로 인해 자리가 불편하고 사무실에 정이 없다. 집중이 제대로 되지 않고 업무 능률도 떨어진다.

뿐만 아니다. 자신도 모르게 음한 기운에 익숙하게 되어 기획이나 모든 면에서 회사가 발전하고 이익이 되는 것과 거리가 멀게 손해가 되고 좋지 않은 쪽으로 몸과 마음이 움직인다. 거래하는 파트너 역시 음기의 상대와 일을 하게 되어 점차 사운이 기우는 결과를 초래한다.

저자가 조사한 바로는 기업체 사옥 중에서 소규모로 사업을 창업해 성공한 후 처음부터 음기가 강한 터에 사옥을 마련한 기업이나 명당 터에서 성공하다가 음기가 강한 터로 사옥을 이전한 기업체는 성공하기가 힘들 것이라고 판단된다.

따라서 기업의 성패는 경영전략이나 인적 구성이나 제품의 개발, 영업전략 등도 중요하지만 가장 기본이며 중요한 것은 그 사옥의 터에 있다는 게 저자의 생각이다. 또한 이를 소홀히 하지 마실 것을 당부하고자 한다.

__삼성 본관

　삼성그룹 본관은 서울 중구 태평로2가에 위치해 있다. 이곳은 삼성 본관과 삼성생명 등 삼성타운에 둘러싸여 있다. 과거 호암 이병철 삼성 창업주께서 적극적으로 부지 매입에 나설 만큼 도심 복판의 알짜배기 부지로 꼽혀왔던 곳이다.

　삼성 본관 사옥은 현관 출입구부터 내부 전체가 지기의 기운이 양기로 올라오는 천하의 명당이다. 재물이 들어오나 나가지 않는다. 몸이 건강해지고 편안하며 사옥 전체에 양기가 가득하게 올라오며 음기가 한 곳도 없다. 보기 드문 명당인 셈이다. 이러한 터는 일생 재운이 크게 들어 하늘이 내린 부자만이 얻게 되는 터라고 할 수 있다. 그 누가 이 같은 터에서 사업을 해도 삼성처럼 성공하는 터이다.

〈삼성 본관 입구(남대문 앞)〉
현관 앞―양기 가득. 입구는 물론 내부 전체가 음기가 없고 양기가 강한 성공하는 명당 터

〈서초동 삼성 사옥 신축 터 공사 담장 밖〉
경계 바깥—음기 노출. 내부조사를 한다면 양기가 있는 명당으로 판단된다.

〈서초동 삼성전자 사옥 신축 터 공사 담장 밖〉
밖이 좋으면 내부는 음기가 강하여 염려되는 터

〈서초동 삼성 사옥 신축 터 공사 담장 밖〉

양기 노출. 내부 음기가 염려스러운 터. 새로 이전하는 서초동 삼성그룹의 신축 사옥 터는 사주의 현재 사주상 운과 함께 할 수 있고 사주의 저택 터와 상관관계가 있다. 감정결과 일부 계열사 사옥은 음기가 강하게 노출되어 기업의 미래가 염려되는 바이며, 국가와 세계 경제를 위하여 반드시 정밀 감정이 필요하다.

〈서초동 삼성물산 신축부지 옆〉

트라팰리스 신축부지 경계 밖―음기 노출
건물 내부는 양기가 있는 터로 판단된다.

〈서초동 삼성전자 사옥 신축 터 공사 담장 건너편〉
양기 노출. 내부 음기가 염려되는 터로 정밀진단을 요한다.

__삼성생명

삼성생명 사옥은 삼성 본관 오른쪽에 자리잡고 있다. 삼성생명 역시 주인되는
분의 부모님 산소 터가 명당이고 그 분의 집터가 재벌이 나는 터에 살고 있을 당
시에 선정한 터다. 실제 사옥 전체에 양기가 가득한 명당이며 성공하는 터인 것으
로 확인됐다.

〈삼성생명 사옥〉
입구(현관 앞)−양기 가득(명당). 사옥 입구와 내부 전체가 양기가 강한 부자되는 터

＿롯데그룹 본사 사옥

　서울 소공동 롯데호텔 옆에 위치한 롯데그룹 본사 사옥 역시, 출입구와 사옥 내부 전체에 양기가 가득하고 음기가 한 곳도 없는 명당이자, 성공하는 터이다.

　롯데그룹 창업주인 신격호 회장이 하늘이 내린 부자의 조건을 갖춘 터에서 태어나 재벌되는 집에서 거주하며 재운이 왕성할 당시에 선정한 곳이라 우환이 생기지 않고 편안하며 재물이 들어와 밖으로 새지 않는 명당이다.

〈롯데 본관〉

현관 입구—양기 가득(명당). 사옥 전체가 양기가 강한 성공하는 터. 롯데는 전사업장이 큰 부자되는 명당 터.

___롯데호텔

롯데호텔 소공동 터 역시 지기가 양기가 가득한 명당으로 조사됐다.

〈롯데호텔〉
내부-양기 가득(명당). 재벌되는 명당 터

__현대그룹 사옥

현대그룹 사옥 부지는 출입구(현관)를 조사한 결과 재물이 들어가고 밖으로 새지 않는 명당이다. 사옥 내부를 저자가 감정한 결과 건물 우측에서부터 3/4이 양기가 올라오는 명당이고 좌측 1/4 부분은 음기가 올라오는 터이다.

그리고 그 음기가 강한 곳의 위층에 정몽헌 회장 집무실이 위치하고 있었으며 현재 어떻게 사용하는지는 알 수 없다.

〈현대그룹 본사 사옥(저동)〉

이처럼 음기가 일부 있으면 그 음기 노출장소에 계신 분이 안 좋고 회사는 양기 기운으로 계속 성공하나 가끔씩 우환이 생긴다.

〈현대그룹 본사 사옥〉
현관 입구－양기 가득(명당). 내부－양기 가득(명당). 건물 내부 좌측 끝 일부분 심한 음기 노출상태

___(구)삼풍백화점 자리

삼풍백화점 사옥 터는 저자가 감정한 결과, 예전 백화점 붕괴 전이나 현재 신축 빌딩 자체가 건물 내부 전체에 땅에서 올라오는 지기가 음기가 가득한 터이다.

이러한 터는 그곳에서 생활하는 사람들로 하여금 자신도 모르게 음기가 몸에 익숙하게 되어 생각하고 행동하는 바가 음기에 가까우며 우환이 올 수 있다.

또한 음기 속에는 일부 수맥파를 포함하여 인체에 유해한 파장이 방출되어 건물이나 구조물에 균열이 생기게 하고 안전에도 영향을 미칠 수 있다.

일례로 도로변에 콘크리트나 아스팔트가 갈라지고 균열이 생긴 곳, 아파트 벽이 사선으로 금이 가고 콘크리트나 벽돌 담장에 금이 간 곳은 감정 결과 한 곳도 예외 없이 음기가 강하게 올라오는 곳이다.

《(구)삼풍백화점 자리 입구》
현관 입구－음기 노출. 이처럼 음기가 강한 터는 우환이 오고 성공하기 어렵다.

《(구)삼풍백화점 자리 입구》
내부－음기 노출

__ 현대기아자동차 사옥

현대기아차그룹 사옥은 서울 서초구 양재동에 자리잡고 있다. 농협 양재동 하나로클럽 바로 옆에 있는 건물로 지상 21층이 그곳이다. 정몽구 회장이 지난 2000년말 이곳에 둥지를 틀었다.

당시 현대차그룹은 서울 건물 이곳 저곳을 대상으로 인수를 추진했으나 여의치 않자 농협이 급매물로 내놓은 현 사옥을 사들였다. 농협이 구조조정을 위해 2000년 1월 첫 공매에 들어갔으나 6차례 유찰을 거듭한 끝에 같은 해 11월 현대기아차의 보금자리로 거듭났다.

서울 양재동에 있는 현대기아자동차 사옥은 감정결과 사옥 내부 전체가 음기가 가득한 곳으로 확인됐다. 이처럼 음기가 강한 터에 사옥을 이용하는 경우 그 기업의 회장이나 임원, 사원들의 몸과 마음에 음기가 익숙해지게 된다.

또한 수년간 음기가 몸에 축적이 되면 음한 생각과 음기의 영향으로 기업의 흥망에 영향을 줄 수 있으며 그 주인인 회장에게 직접적인 우환이 오는 경우도 있다.

저자가 전국을 감정한 경험으로 볼 때 정몽구 회장께서 이처럼 음기가 강한 곳에 사옥을 마련한 것을 보면 그 분이 사는 자택 역시 음기가 강할 것으로 생각된다.

아울러 그 분의 선친인 고 정주영 명예회장의 산소 터 역시 음기가 강한 곳에 모셔져 있을 것으로 본다. 이 같은 관측은 이들 세 가지 요인이 모든 사람에게 우연이 아닌 필연의 결과로 연결지어진 것을 저자의 연구결과 확인한 것에 기인한다.

이처럼 건물 내부에 일부 음기가 있는 곳은 양기가 있는 곳에 위치한 계열사는 성공한다. 반면 음기가 있는 쪽에 위치한 계열사나 그곳에서 자리를 배정받아 업무를 보는 사람은 사주상 재운이 없는 사람들이다.

실제 그 분들의 집터 역시 조사해 보면 우연의 일치처럼 음기가 강한 곳에서 생활하는 것을 확인할 수 있다. 이 때문에 음기가 있는 곳에서 업무를 보고 생활하는 분들은 신경 써서 집을 선정해야 하며 가능한 한 양기가 강한 소재로 처방하여 생활하는 것이 좋다.

〈현대기아자동차 사옥〉
현관 입구—음기 노출. 내부—음기 노출

___농협하나로클럽

　　서울 양재동 현대자동차 뒷편에 위치한 농협하나로클럽 터는 현대자동차 사옥
바로 뒤편에 인접해 있지만 현대기아자동차 사옥과 반대로 양기가 가득하다. 누
가 들어가서 어떤 업종의 사업을 해도 성공하는 명당이다.

　　저자가 감정한 결과 이 건물은 들어가는 입구의 재문은 활짝 열려 있고, 나가는
재문은 닫혀 있다. 이 같은 경우 부자가 되는 터이고, 내부에 사람이 생활하면 양
기의 영향으로 마음이 편안하며 몸이 피곤하지 않고 병이 생기지 않는 명당이다.

〈농협하나로클럽〉
현관 입구―양기 노출. 내부―양기 노출

__LG쌍둥이 사옥

LG그룹 사옥은 서울 영등포구 여의도동에 위치해 있다. 1987년 완공된 서울 여의도 LG트윈타워는 관상학적으로 '연화부수형(蓮花浮水形)' 터로 꼽힌다. 연화부수형이란 '연꽃이 물 위에 뜬 형상'이란 의미다.

구본무 LG그룹 회장실은 트윈타워 동관 30층에 있다. 1995년 부친 구자경 명예회장에게서 물려받았다.

LG그룹 사옥은 동관과 서관의 출입구를 조사한 결과 똑같이 양기로 인해 재문이 열려 있고 밖으로 새지 않는다.

하지만 사옥 내부가 대체로 양기가 많은 명당이나 일부분에 음기가 있는 B급 명당이다. 이 같은 경우 대체로 기업이 성공하는 명당이지만 부분적으로 음기가 있는 곳에 자리를 배정받은 사람들은 업무를 보는 데 몸이 피곤하며 힘이 들 것으로 생각된다.

〈LG 본관〉
사옥 내부 전체가 강한 양기가 있는 명당

〈LG 본관 2동 양쪽〉
현관 입구―양기 가득(명당), 내부―양기 가득(명당)

___한화그룹 사옥

한화그룹 사옥이 위치한 곳은 서울 중구 장교동이다. 한화빌딩에선 물길을 연 청계천과 남산을 모두 바라볼 수 있다. 을지로 은행가에 위치해 풍수지리적으로 돈이 모이는 곳이란 말이 있는 자리다. 이 빌딩 27층 남산을 바라보는 쪽에 김승연 회장의 집무실이 있다.

한화그룹 사옥은 서울 청계천 쪽 출입구(현관)가 음기로 인해 재문이 닫혀 있고 건물 내부 일부가 음기에 노출됐다. 하지만 을지로 쪽 출입구(현관)가 재문이 열려 있으며 건물 내부 3/4이 양기가 강한 명당이며 성공하는 터인 것으로 확인됐다.

다만 이런 사옥 터는 그 음기의 영향으로 회사에 가끔 환란이 올 수 있다. 대신 기업주의 부모님 모신 터와 사는 집이 명당이면 그 음기는 충분히 양기의 기운으로 이겨낼 수 있다.

〈한화그룹 본관〉
양기 노출(명당)

〈한화그룹 본관〉
현관 입구-양기 가득(명당). 내부 3/4-양기 가득(명당). 사옥 내부 3/4이 양기가 강한 터로 B급 명당에 해당한다.

〈한화그룹 본관 후문 입구〉

후문 입구─음기 노출(내부 일부). 후문 입구에서 사옥 내부 1/4이 음기에 노출된 B급 터로 기업이 계속 발전하나
가끔씩 음기 영향으로 검찰소환 등 우환·관재수가 오나 양기 영향으로 쉽게 수습하고 극복하는 터

__두산그룹 사옥

　서울 동대문으로 이전한 두산타워는 전체가 양기가 가득한 명당이다. 사옥을 이전한 국내 대기업 중에서 이전의 터와 같은 명당으로 이전한 대표적인 케이스이기도 하다.

　크게 성공한 기업은 사옥 이전시 반드시 이전 사옥 터보다 더 좋은 터나 그 터에 버금가는 터로 이전해야만 기업이 지속적으로 발전할 수 있다.

〈두산그룹 사옥〉
양기 노출(명당)

〈두산그룹 사옥〉
양기 노출(명당)

〈두산그룹 사옥〉

현관 입구―양기 가득(명당) . 내부―양기 가득(명당). 두산타워는 입구에서부터 재문이 열려 있고 내부 역시
전체가 양기가 가득한 대표적인 명당이며, 이전하기 전 사옥보다 더 명당으로 향후 더욱 발전을 하는 터.

___포스코

테해란로에 위치한 포스코 사옥은 현관 입구에서 사옥 내부 전체가 양기가 강한 명당으로 이처럼 양기가 강하면 임직원 및 사원들의 얼굴이 밝고, 마음이 편하며, 업무 능률이 오르고 기업이 발전한다.

〈포스코 본관〉
현관 입구－양기 가득(명당). 내부(미촬영) 조사결과－양기 가득(명당)

___여의도 순복음교회

여의도에 위치한 순복음교회는 영락교회와 같이 넓은 성전 및 건물 내부 전체가 양기가 가득한 명당으로 교회가 나날이 부흥되는 터이다. 필자가 전국 교회를 조사한 결과 부흥이 잘 되어 신도가 많고 발전한 교회는 양기가 가득한 명당이고, 부흥이 잘 되지 않고 재정이 어려운 교회는 음기가 강한 터로 확인되었다. 이처럼 양기가 강한 교회는 예배시 목사님 이하 성도들이 양기 영향으로 마음이 편하며 설교 말씀에 집중이 잘 된다. 기도시에는 은혜가 충만하고, 반목하지 않으며, 서로 위하고 친화가 잘 된다.

〈여의도 순복음교회〉
현관 입구—양기 가득(명당). 내부—양기 가득(명당)

__SK그룹

　SK의 예전 본사 사옥은 명당이나 이전한 현재 사옥은 음기가 있는 터로 그 원인이 화장하여 납골묘에 모신 최종현 회장님 산소 터가 음기가 있는 곳이고, 이 영향으로 현재의 최태원 회장님 저택이 음기가 있는 곳이며, 이처럼 음기가 있는 터에 사업을 하면 우환이 오고 미래가 염려된다.

〈SK그룹 (구)사옥〉
현관 입구─양기 가득(명당). 내부─양기 가득(명당).
SK그룹의 이전하기 전 원래 사옥 터는 양기가 강하여 명당으로 세계적인 기업으로 성공할 수 있는 터.

〈SK그룹 신사옥〉

음기 노출

〈SK그룹 신사옥〉

현관 입구—음기 노출. 이처럼 사옥 현관과 내부가 음기 노출되면 음기 영향으로 회사 재문이 닫히고
우환이 올 수 있으며 장기적으로 기업의 흥망이 염려되는 터이다.

___효성그룹

효성그룹의 예전 사옥은 양기가 강한 명당이나 이전한 현재 마포사옥은 음기가 있는 터로 처방이 필요하며 시간이 경과하면 향후 기업발전이 염려되는 터이다. 이처럼 사옥이 좋지 못한 터로 이전한 경우는 그 주인인 회장님의 산소 터가 음기가 있는 곳이 원인으로 현재 회장님 자택이 음기가 있는 터에 살고 있는 것이 원인이다.

〈효성그룹 (구)사옥〉
현관 입구—양기 가득(명당), 내부—양기 가득(명당)

〈효성그룹 신사옥〉

〈효성그룹 신사옥〉
현관 입구—음기 노출. 내부—음기 노출

__××생명

　여의도 63빌딩 옆에 위치한 ××생명 사옥은 음기가 강하여 현관 재문이 닫혀 있고 사옥 내부가 냉한 기운이 가득하여 주인이 바뀌고 우환이 올 수 있는 터이다.

〈××생명 사옥 후문 입구〉
후문 입구－음기 노출

__*63빌딩*

〈63빌딩 정문 입구〉
현관 입구―양기 가득(명당)

__(구)××그룹

　용산에 위치한 (구)××그룹 사옥이었던 이 빌딩은 음기가 강하여 기업 사옥 터로는 부적합하다. 이러한 터는 주인이 바뀔 수 있고 우환이 올 수 있으므로 반드시 양기 처방이 필요한 터이다.

〈(구)××그룹 사옥〉
현관 입구—음기 노출. 내부—음기 노출

__(구)기아자동차

여의도에 위치한 (구)기아자동차 사옥은 음기가 강한 터로 역시 우환이 올 수
있으며 처방이 필요한 터이다.

《(구)기아자동차 사옥》
현관 입구—음기 노출. 사옥 현관 입
구에서부터 건물 내부까지 전반적
으로 음기에 노출된 터

<((구)기아자동차 사옥>

음기 노출

__대우그룹

　서울역 맞은편 대우그룹 사옥은 필자와 협회에서 조사한 바 입구에서부터 내부 전체가 음기가 있는 터로 주인이 바뀔 수 있으며, 내부 안쪽의 대우건설 사무실은 양기가 있는 명당으로 원인은 김우중 회장의 저택이 음기가 강한 터에 있는 것에 기인된다.

〈대우그룹 사옥〉
현관 입구―음기 노출. 내부―음기 노출(2/3), 일부 계열사 사무실 양기 가득(명당)

__(구)동아그룹

   (구)동아그룹 사옥은 조사결과 현관 입구부터 내부가 음기가 강한 터로 수인이 바뀌고 우환이 올 수 있으며 터로 양기 처방이 필요하다.

《(구)동아그룹 사옥 주변》
음기 노출

《(구)동아그룹 사옥 주변》

음기 노출

__(구)거평그룹

　현관 입구에서 내부까지 강한 음기에 노출된 터로 이처럼 사무실이 음기가 강하면 사람의 안색이 창백해지고 집중이 되지 않아 업무 효율이 떨어지고 기업이 발전하는데 장애가 된다. 정밀 감정 후 처방이 필요하다.

《(구)거평그룹 사옥》
음기 노출

__대림산업

대림산업 사옥 본사는 사옥 현관 입구는 물론 사옥 내부 전체가 양기가 강한 명당 터로 이러한 터는 기업 및 사주에게 우환이나 위기가 없이 안정적으로 기업이 성장할 수 있는 명당이다.

⟨대림산업 사옥⟩
현관 입구―양기 가득(명당), 내부―양기 가득(명당)

__(구)한보그룹

(구)한보그룹 사옥 터는 사옥 전체가 음기가 강한 터로 주인에게 우환이 올 수 있으며, 처방이 필요하다.

《(구)한보그룹 사옥》
음기 노출

__타워팰리스

    강남에 위치한 도곡동 타워팰리스 부지는 건물마다 양기가 강한 명당으로 기업 사옥 터였다면 세계적인 기업으로 성공하는 명당이며 이처럼 양기가 강한 주택에 입주하는 사람은 재운이 크게 든 사람이 입주하며 집집마다 다르지만 대체로 재문이 열리고 몸도 건강해지는 집이 많은 명당이다.

〈타워팰리스 입구〉
현관 입구—양기 가득(명당), 내부—양기 가득(명당)

〈타워팰리스 현관 주변〉

〈타워팰리스 현관 주변〉
양기 가득(명당)

___호암아트홀

    용인 에버랜드 안에 위치한 호암아트홀은 고 이병철 회장께서 사람을 시켜 준비한 터로 입구에서부터 내부까지 양기가 강한 명당이며 아쉬운 점은 호암아트홀 옆의 회장님 산소 터가 당초 당신이 묻히길 원하던 장소가 아닌 바 음기가 있는 터로 그 후손인 이건희 회장 건강과 삼성의 장래가 염려되어 산소 및 이건희 회장 저택의 정밀 조사 후 처방이 필요하다고 판단된다.

〈호암아트홀 입구〉
현관 입구―양기 가득(명당). 내부―양기 가득(명당)

〈호암아트홀 입구〉
양기 가득(명당)

___영국대사관

〈영국대사관 입구〉
현관 입구―양기 가득(명당), 내부―양기 가득(명당)

〈영국대사관 입구〉
양기 노출(명당)

__조계종 본당

조계종 본당 및 삼각산 도선사를 비롯하여 전 유명 대사찰은 불전 내부가 강한 양기가 있는 명당에 있는 바 전각터를 좌정한 스님 분들의 지기감별능력에 필자는 새삼 놀라움을 금치 못한다. 또한 조사결과 발전이 안 되고 재정이 어려운 사찰 및 암자는 전원 음기가 강한 터에 자리하고 있다.

〈조계종 본당〉
현관 불전 내부 양기가 강한 명당

제6장

지기가 인생의 운명을 좌우한다
(일반인편)

__보금자리를 명당 터에 마련하는 이유

이 세상에서 가장 소중한 것은 사랑하는 가족이 잠자고 생활하는 보금자리인 주택이다. 그럼에도 불구하고 이를 간과하는 사람들이 너무 많아 안타까운 마음이 들기도 한다.

실제 대부분의 사람들이 자동차나 본인이 중요하다고 생각하는 물건을 구입할 때는 많은 시간과 정성을 들인다. 하지만 정작 그 사람의 운명을 결정짓는 가장 중요한 주택을 마련할 때는 소홀히 하는 경우가 있다.

미물인 짐승들도 둥지를 틀 때는 감각적으로 적으로부터 보호받을 수 있고 양기가 가득한 좋은 터에서 잠자며 쉬고, 새끼를 낳을 둥지를 준비한다.

따라서 만물의 영장인 사람이 사는 집을 마련할 때는 최선의 정성과 노력을 들여 양기가 가득한 명당 터를 찾아 주택을 마련해야 한다. 절대로 이 같은 노력을 미신이라고 생각하고 비웃는 일이 없기를 강조하고 싶다.

대통령이 되거나 재벌이 되고 장수하며, 병 걸리고 환란(우환)이 생기는 일상의 일들은 결코 우연이 아니다.

땅에서 방출되는 지기(양기, 음기)의 영향이 그 첫째이다. 이 지기는 종교를 구분하지 않고 그 터에서 생활하는 사람을 포함, 모든 생명이 있는 동식물에도 영향을 미친다.

주택을 새로 짓거나, 구입하거나 세를 얻어서 이사를 할 때는 반드시 터를 볼 줄 아는 전문가의 도움을 받아 양기가 가득한 명당 터에서 생활해야 한다. 만일 음기가 있어 몸에 병이 생기고 우환이 있는 패망하는 터에 부득이 살고 계신 분이라면 음기를 확실하게 중화(차단)시키는 처방을 해야 한다.

사실 지금까지 우리 인간은 지기에 대한 어떤 학문이나 이론도 없었고 또 이처럼 중요한 지기(양기, 음기)에 관한 학설도 없었다.

그 이유는 지기가 눈에 보이지 않고 냄새도, 색깔도 없는 무형, 무색무취로 땅에서 방출되어 올라오는 기운이며 파장으로써 감각이 둔한 사람이 발견할 수 없었기 때문이었나는 세 저자의 생각이다. 이 때문에 상호작용을 하는 사주팔자에만 숙명적으로 소중한 인생을 의지할 수밖에 없었다.

그러나 이제 저자는 지기학에 관한 새로운 이치를 발견했으며 이를 전세계 각계에서 검증하여 밝히는 데 노력을 경주하고자 한다.

그렇게 함으로써 사람의 운명을 결정짓는 가장 근본인 지기를 사전에 예방 조치하여 타고난 사주팔자 운명을 바꿀 수 있다고 확신한다. 그러면 누구나 이 지기에 노력과 정성을 들여 장수하며 부자가 되고 행복하게 사실 수 있다는 게 저자의 확고한 생각이다.

사람이 장수하는데 가장 중요한 것은 양기가 강하게 올라오는 방에서 잠을 자고 양기가 올라오는 곳에서 앉아 생활해야 한다는 점이다.

밥을 먹을 때도 역시 양기가 올라오는 곳에서 밥을 먹으면 똑같은 쌀과 반찬으로 식사를 해도 밥과 반찬이 양기에 싸여 맛있게 보이고 마음이 편안하기 때문에 밥이 맛있다.

반면 음기가 올라오는 곳에서 밥을 먹으면 마음이 편치 않으며 밥과 반찬이 음기에 싸여 냉랭하며 맛없게 보인다.

__주택과 장수의 함수관계

저자는 전국에 장수하는 분들을 조사해 보았다. 그 결과 100명을 조사했을 때 단 한 명의 예외자 없이 100명 전원이 양기가 가득한 방에서 잠을 자거나 앉고 밥을 먹으며 생활하고 있었다.

이처럼 100명 중 단 1명의 예외자가 있다면 재연성이 없지만 저자와 협회 회원들은 양기가 장수의 가장 중요한 기본 조건임을 확신한다.

일부에선 물론 같은 방에서 잠자고 생활하는 부부간에는 왜 수명이 같지 않느냐고 반문하는 분이 있을 수 있다.

저자의 생각하는 첫째 이유는 부부간의 유전인자가 다르다는 점이다. 예컨대 두 부부가 태어날 때 남편은 시댁의 부모님으로부터 물려받은 우성이나 열성 유전인자 중 열성(병적 유전인자) 유전인자는 양기에 억제되어 세포로 성장하지 못하고 우성 유전인자 즉, 건강하고 왕성한 운의 유전인자가 활발해져 몸이 건강한 것이며 그 시댁 쪽 유전적 수명과 관계가 있다.

반면 부인은 친정 쪽 부모와 조상의 유전인자를 받아서 태어나므로 친정 부모님 및 조상의 수명이 다르기 때문이다.

둘째 이유는 자리 위치이다. 다시 말해 같은 방안이라도 부인이 자는 곳과 남편이 자는 자리의 양기의 세기가 다르기 때문인 경우이다.

암 걸리고 병드는 이유도 이런 원리가 적용된다. 음기가 강한 곳에서 잠자고 생활하기 때문인 것이다. 이처럼 무서운 음기는 반드시 피하든지 처방하고 살아야 한다.

특히 집안 부모님을 비롯하여 조상 분들 중 암, 풍, 고혈압, 당뇨 등 병으로 환갑 전에 일찍 세상을 뜨신 조상들이 있는 사람들이 있다.

이 같은 경우 태어날 때 유전인자 중 조상들의 병적인 유전인자를 몸에 물려받아 태어난다. 때문에 음기가 강한 곳은 건강한 유전인자를 억제시키고 병적 유전인자가 활발해지므로 병에 걸리기 쉽다. 따라서 이에 해당한다면 반드시 양기를 찾아 보금자리를 마련해야 한다.

일례를 찾아보자. 전남 구례군 산동면 둔사리에 거주하는 임종철 옹은 101세의 장수하시는 분으로 저자는 그 분의 집을 조사해 보았다.

그 결과 임종철 옹이 잠자고 생활하는 방은 집 사랑채에 외풍이 있는 허술한 방이기는 하지만 양기가 가득한 명당이다.

반면 같은 집안 몸체에서 잠자고 생활하는 큰 자부 윤점숙(57)씨는 수술을 5차례나 받은 환자이다. 또한 큰아들 임병현씨는 59세로 현재 간암에 걸려 있었고 이 부부가 자는 방은 음기가 가득한 흉지 터였다.

이를 볼 때 한 집안에서 같은 물, 같은 음식을 먹고 같은 공기를 호흡하나 결과가 다르게 나타나는 것은 무병장수하는 근본원인이 잠자는 방의 강한 양기에 있으며, 암이나 질병의 근본원인 역시 잠자는 방의 강한 음기에 기인하는 사실을 알게 되었다.

건물도 마찬가지로 지기의 영향에 따라 달라진다. 저자는 국내 대기업을 대상으로 조사한 것 중 하나를 예로 들어본다.

삼풍백화점의 경우 사옥 터는 예전 백화점 붕괴 전이나 현재 신축빌딩 자체나 땅에서 올라오는 지기는 음기가 강한 터이다.

이런 터는 그곳에서 생활하는 사람들로 하여금 자신도 모르게 음기가 몸에 익숙하게 되어, 생각하고 행동하는 것이 음기에 가까우며 우환이 동반될 수 있다.

음기 속에는 또한 일부 수맥파를 포함해 인체에 유해한 파장이 방출되어 건물이나 구조물에 균열이 생기게 하고 안전에도 영향을 미칠 수 있다.

도로변에 콘크리트나 아스팔트가 갈라지고 균열이 생긴 곳, 아파트 벽이 사선으로 금이 가고 콘크리트나 벽돌 담장에 금이 간 곳은 감정한 결과 한 곳도 예외 없이 음기가 강하게 올라오는 곳인데 이것을 대표적인 실례로 꼽을 수 있다.

서울 양재동에 있는 현대기아자동차 사옥 터 역시 감정결과 사옥 내부 전체가 음기가 있는 곳으로 확인됐다.

이런 사실로 볼 때 그 동안 역학·풍수학·지리학에서 가장 중요시 여겼던 관산법상의 겉모양은 지기보다도 훨씬 그 중요성이 떨어진다는 사실을 증명한다.

따라서 장수하고 병 걸리는 데 가장 중요한 것은 바로 지기이며 지기를 반드시 감정받아서 처방하여 양기가 강한 집에서 생활하는 것이 바로 장수하는 비결이라고 확신한다.

___ '양기'는 인생을 밝게 한다

우리 인간은 하루하루의 일상을 매일 반복하며 살아가고 있다. 새벽에 잠에서 깨어 아침을 맞이하고 각자에게 주어진 일터에서 하루를 보낸다.

밤이 되면 일터에서 돌아와 사랑하는 가족들과 하루의 일상을 담소하고 피곤한 몸을 쉬기 위해 잠을 자고 생활하는 것이 일과이다.

그런데 사랑하는 가족이 쉬고 담소하며 잠자는 보금자리가 사람이 사는 집마다 다르다는 생각을 해본 사람은 거의 없는 것 같다.

그저 집은 모두 같은 것이라고 여겨 크고 작은 규모에만 집착하고, 실내 인테리어 개념에서 치장하는 것에만 신경 쓰며 살아온 것이 현실이다.

정작 내가 살고 있는 집터에서 나오는 지기가 사람의 성공과 실패에 영향을 미친다는 사실과 건강해지고 병들게 하는 원인이 된다는 점을 누구도 아직까지 주의 깊게 생각하며 살아온 사람이 없었던 것으로 저자는 생각한다.

그러면 양기의 영향은 어떤 것이 있는지 구체적으로 살펴보기로 한다. 이는 사는 집터에서 올라오는 지기의 영향에 대해 저자가 확인한 것을 기초로 설명한다.

우선 집안 전체에 양기가 많을 경우다. 이 같은 경우에는 현관 입구가 양기의 영향으로 들어가는 재물의 문이 열리게 된다. 반대로 나오는 재물의 문이 닫힌다.

이런 집에서 사람이 살면 누구나 하는 일이 잘 되어 돈을 벌고 재산을 모으게 된다. 또한 주인인 세대주가 거주하는 안방의 재문이 열리게 되어 재물은 자연스럽게 모인다.

다음으로 안방 침실자리에 양기가 가득하고 음기가 없을 경우다. 이런 경우에는 안방에 사람이 들면 마음이 편안하고 따뜻한 느낌이 든다.

또한 잠을 자면 깊게 자고 악몽을 꾸지 않아 숙면을 취할 수 있으며 자고 나면 몸이 개운하여 혈액순환에 도움이 되고 안색이 좋아지며 건강해진다.

먼저 살던 집에서 음기의 영향으로 생긴 병의 치료에 도움을 주며, 뭉쳐 있던 목뒤의 경혈이 부드러워지고 어깨 및 몸 전체의 뭉친 부위가 풀어지는 것도 양기의 영향이다.

혈액순환이 되지 않아 팔의 정맥이 두껍게 부풀어 팽창되어 있는 것이 가늘고 부드럽게 정상으로 점차 돌아와서 몸이 건강을 되찾는다.

음기의 영향으로 팔이나 다리가 저리고 수족이 냉해 차던 것이 점차 몸의 체온이 따뜻하게 정상으로 돌아오며, 몸의 기가 전반적으로 왕성해진다.

뿐만 아니다. 음기의 영향으로 암이나 중풍, 고혈압, 당뇨 등 병이 발병하여 병원에서 수술 등으로 치료를 받고 있는 환자의 경우 치료효과가 탁월해져 건강회복에 도움을 준다. 양기가 가득한 곳에서 잠을 자고 생활하면 몸 속에 양기가 왕성해져 병균을 억제시키고 건강한 세포를 활성화하기 때문이다.

실제 임상실험결과 음기가 강한 곳에 1시간 누워 있는 환자는 몸이 현저하게 저온으로 떨어졌고 잠을 자지 못하며 머리가 아프고 온몸이 쑤시는 증세를 보였다.

반면 동일 환자를 양기가 강한 곳과 음기가 강한 곳에 양명기석으로 처방해 외부조건 변화 없이 3시간 누워 있게 했더니 정반대의 증세가 나타났다.

예컨대 편하게 숙면을 취하고, 체온이 현저하게 올라왔으며 안색이 좋아지고, 수족이 따뜻해졌다. 두통이 사라지고 머리가 가벼워졌으며 몸 또한 개운해졌다.

특히 양기가 강한 곳에서 잠을 자고 생활하면 그 사람의 몸이 건강해지며(조사결과 장수함) 운이 왕성해지고, 사업을 하거나 공직 · 직장에 근무할 경우 승진 등 성공한다.

손해가 되고 해를 주는 음기의 사람을 피하게 되어 손해를 보지 않으며 몸에 익숙된 양기의 영향으로 음기가 강한(사고 나고 해 되는) 곳을 스스로 피하게 되어 우환을 방지할 수 있고 관재수를 피할 수 있다.

만일 임신이 되지 않아 아이를 갖지 못하는 부부가 양기가 강한 명당에서 잠자고 생활하면 아이를 임신하게 되고 그 아이가 건강하게 자라 후에 성공하게 된다.

산모가 양기가 가득한 명당에서 잠자고 생활하면 태아가 편안하게 있으며 음기가 강한 곳에서 산모가 생활하면 심하게 요동친다.

실제 협회에서 조사한 결과, 임신이 되지 않는 부부는 음기가 강한 곳에서 잠을 자고 생활했다. 또한 그 부부가 양기가 강한 명당으로 이사해 얼마 후 임신을 하여 건강한 아이를 출산하는 것을 확인했다.

양기가 가득한 곳에서 잠자고 생활하면 생각하고 행동하는 일들마다 순탄하게 풀린다. 본인의 능력에 따라 돈을 벌고 성공할 수 있는 생각과 계획을 가지게 되고 도움을 주고 득을 주는 사람을 만나게 되어 그들의 도움으로 승진하고 성공하게 된다.

마지막으로 아이나 학생의 공부하는 방 책상 자리와 침실에 양기가 강할 경우다. 이 같은 경우 공부하는 아이의 마음이 편안해 심성이 착하고 부모님 말을 잘 듣는다.

안색도 좋으며 수족이 따뜻하고 항상 머리와 몸이 맑고 개운하게 되어 책상에 앉아 공부를 하면 이해가 잘 된다. 집중이 되고 성적이 좋고 또한 성격도 좋으며 착하고 좋은 학교에 진학하고 성공한다.

실제 협회에서 조사한 결과 양기가 가득한 곳에서 생활하는 학생은 고시나 시험에 합격하고 안색이 좋고 공부를 잘하고 심성이 좋았으며 음기가 강한 방에서 지내는 아이는 그 반대였다.

___인생을 망치는 '음기'

음기가 충만할 경우에는 양기와 정반대의 영향을 받게 된다. 음기에서 생활하는 사람은 자신도 모르게 음기가 몸에 익숙하게 되어, 생각하고 행동하는 것이 음기에 가까우며 우환이 동반된다.

실제 집안 전체에 음기가 가득한 경우를 보자. 이 경우 현관 입구가 음기의 영향으로 들어가는 재물의 문이 닫혀 있고 나가는 재문이 열리게 된다. 따라서 재물을 모으지 못하고 가지고 있던 재산도 손해를 보게 된다.

실제 조사한 결과 음기가 강한 집에서 생활하는 사람은 전원이 그 집으로 이사온 후부터 돈을 벌어 재산을 모은 것보다 사기나 우환으로 손해를 본 경우가 대부분이었다. 명당에서 번 재산을 음기의 집에서 잃은 것으로 조사결과에서 나타났다.

안방 침실자리에 음기가 강한 경우에도 별반 다르지 않다. 이때는 날이 갈수록 안색이 창백해지고, 수족이 차지며 머리가 무겁고 혈액순환이 되지 않아 체온이 떨어지고 체내에 병적 열성 유전인자가 활발해져 암이나 병에 걸리는 경우가 많았다.

또한 성격이 우울하며 침울하고 난폭해져 신경이 날카롭게 되고 자살하는 경우나 정신 이상이 오는 경우도 생기게 된다.

그리고 음기는 사람의 심성을 우울하게 하고 신경이 날카로워지고 거칠게 변해 부부간 형제간 가족간에 화목하지 못하고 반목하게 만들고 서로 다투어 사이가 멀어지게 한다. 무엇보다 소중한 가족의 보금자리인 집에 들어가기 싫고 서로 의심하게 하며 가정이 파괴되는 원인이 되기도 한다.

실제 저자와 협회가 1년간 전국의 병자 및 자살한 사람, 정신에 이상이 있는 사람의 방과 침실자리를 조사한 결과 상기의 환자 및 사람들의 경우 한 명의 예외 없이 전원 음기가 강한 곳에서 잠자고 생활한 것으로 확인됐다.

뿐만 아니다. 안방 침실자리에 음기가 강하면 임신이 되지 않고 숙면을 할 수가 없다. 목뒤의 경혈이 딱딱하게 뭉치게 되고 어깨도 뭉치고 혈액순환이 되지 않아 팔의 정맥이 두껍게 팽창되고 몸이 항상 피곤하며 병이 생기게 된다.

지속적으로 음기에 노출되면 점차 익숙된 음기의 영향으로 해로운 곳을 자신도 모르게 찾게 되고 손해가 되고 해로운 사람과 접촉한다. 또한 재산을 손해보고 우환이 오고 관재수를 겪는다.

실제 조사한 결과 임신을 하지 못하는 부부나 암 환자, 자살자, 정신 이상자, 범죄자 등은 전원이 음기가 강한 방에서 생활하고 잠을 잔 것으로 확인됐다.

다음으로 음기가 강한 자리에서 공부하고 잠자는 학생의 경우다. 이 경우에도 안색이 창백하고 수족이 냉하며 성격이 날카롭고 음기의 영향으로 마음이 편하지 않다.

또한 항상 몸이 피곤해 공부에 집중이 되지 않는다. 이에 따라 성적이 떨어지고 집밖으로 나돌게 되며 같은 음기의 나쁜 친구들을 사귀게 되어 인생을 망치는 경우가 대부분이었다.

게다가 시험 성적이 좋지 않아 좋은 학교에 진학하지 못하고 취업이 되지 않으며 승진시험 등에 실패한다.

이처럼 인생의 가장 중요한 운명을 결정짓는 성장기와 학생 시절을 부모의 무지와 잘못된 선택으로 음기가 강한 곳에서 생활하게 된다면 몸과 마음이 병들게 되고 실패자가 되기 쉽다.

실제 조사한 결과 음기가 강한 방에서 공부하는 학생은 전원이 안색이 창백하고 감기에 자주 걸리며, 성적이 좋지 않고 성격이 신경질적으로 변하고 밖으로 돌게 되는 것으로 확인됐다.

필자와 협회가 조사한 실례를 들면 수원의 한 아파트 11층에 8년째 거주하는 가족의 경우, 고3인 큰아이 방엔 전체가 음기가 가득하였고, 중3인 작은 아이의 방은 양기가 강하였는데 큰아이는 음기 영향으로 얼굴색이 창백하고 수족이 찼으며 학교에서 성적이 하위이고 매사에 신경질이 많고 감기를 비롯하여 아파서 병원을 자주 간다.

그러나 중3의 작은 아이는 얼굴색이 붉고 건강하였으며 수족이 따뜻하고 학교에서 성적이 항상 3위 이내이고 성격이 온순하여 착하고 부모 말을 잘 듣고 배려하는 마음이 강하고 8년 동안 아파서 한번도 병원에 간 일 없이 건강하였다.

이처럼 중요한 지기(양기, 음기)를 저자의 연구와 노력의 결실인 이 책을 통하여 전세계 모든 사람들이 질병과 가난의 고통에서 벗어나야 한다. 또한 마음이 편안하고 건강하며 부유하게 행복한 인생을 사는 데 도움이 될 수 있기를 기원한다.

설명이 다소 부족한 감은 있으나 음기를 진단하고 처방하는 방법은 제7장 부록편에 할애를 할 것이고 더 상세한 것은 한국명당지기협회 홈페이지를 통해 회원에 한해 공개할 것이오니 많은 양해를 부탁드린다.

__ '장수비법'은 따로 있다(장수인편)

한승호님 자택

전북 장수군에 사시는 한승호님은 현재 86세이다. 얼굴 혈색이 좋고 건강하시다. 이 분의 주택 잠자리 및 앉는 소파 자리를 조사한 결과 방안 전체가 양기가 가득한 명당이다. 실제 현관에서부터 마당, 방안 전체에 양기가 가득했다. 이런 잠자리 양기는 유전인자 중 우성 유전인자를 활성화하여 병 세포에 해당하는 열성 유전인자를 자동으로 억제시켜 건강을 유지하게 하고 장수하게 한다.

〈한승호(86세)님 마당〉

〈한승호(86세)님 현관〉

현관에서부터 마당, 방안, 집 전체가 양기가 가득한 장수 명당

〈한승호(86세)님 거실〉

〈한승호(86세)님 방 1〉

〈한승호(86세)님 방 2〉
양기가 강하고 음기가 없음

전북 장수군에 사시는 백막례님은 현재 86세이다.

〈백막례(86세)님 현관〉
현관에서부터 마당, 방안, 집 전체가 양기가 가득한 장수 명당

〈백막례(86세)님 방〉

강복례님 자택

강복례님은 96세로 장수하는 분이다. 전북 장수군에 위치한 주택을 조사한 결과 풍수지리학상으로는 특징이 없는 평범한 주택이다.

하지만 지기학상 주무시는 방안이 음기가 없고 양기가 가득한 명당이다. 현관에서부터 마당, 방안, 집 전체가 양기가 가득하다.

이 양기로 인해 우성 유전인자를 활성화하여 혈액순환이 좋아 얼굴혈색이 홍조로 건강한 색이며 얼굴 인상도 굳어지지 않고 밝게 펴져 있다.

또한 팔의 경맥이나 머리 뒤 중요 경맥, 주경맥, 어깨 등이 굳거나 뭉쳐 있지 않고 부드러우며 심신이 편하고 건강하다.

〈강복례(96세)님〉

〈강복례(96세)님 자택〉
현관에서부터 마당, 방안, 집 전체가 양기가 가득한 장수 명당

〈강복례(96세)님 방〉
사람이 장수하는 근본원인은 잠자고 기거하는 방안에 강한 양기가 원인이며,
강복례님 방은 강한 양기가 사진처럼 방 전체에 가득하여 장수하는 명당이다.

〈강복례(96세)님 방〉

〈강복례(96세)님 방〉

이옥진님 자택

전북 장수군에 사시는 이옥진님은 93세이다. 장수하고 계시는 이 분이 주무시는 주택의 방은 겉으로 오래되어 외풍이 있고 허술하다.

그렇지만 저자가 조사한 결과 지기학상 주무시는 잠자리 방안에는 음기가 없고 양기가 가득한 명당이다. 땅에서 따뜻한 양기가 올라오는 장수 터이다.

실제 이옥진님은 장수하시는 분들의 특징을 모두 갖추고 있으며 얼굴 혈색이 좋고 선하다. 바로 이 양기가 사람을 병들지 않고 장수하게 하는 근본원인임을 증명하는 것이라고 할 수 있다.

⟨이옥진(93세)님 방 1⟩
집은 허술하나 잠자는 방이 땅에서 따뜻한 양기가 올라오는 명당이며 장수 터이다.

〈이옥진(93세)님 방 2〉

임종철님 자택

임종철님은 전남 구례군에 사시는 분으로 101세이다. 이 분의 자택은 동네 가운데 위치하고 있는 평범한 주택으로 집 몸체 옆의 사랑채에 거주하고 계시다.

임종철님이 주무시고 기거하는 방과 마당은 양기가 가득한 명당이다. 이런 방에서 옮기지 않고 계속 생활한다면 누구라도 90세 이상 지병 없이 장수하는 명당이라고 할 수 있다.

〈임종철(101세)님 자택〉

임종철님의 자택은 집마당이 명당이다.

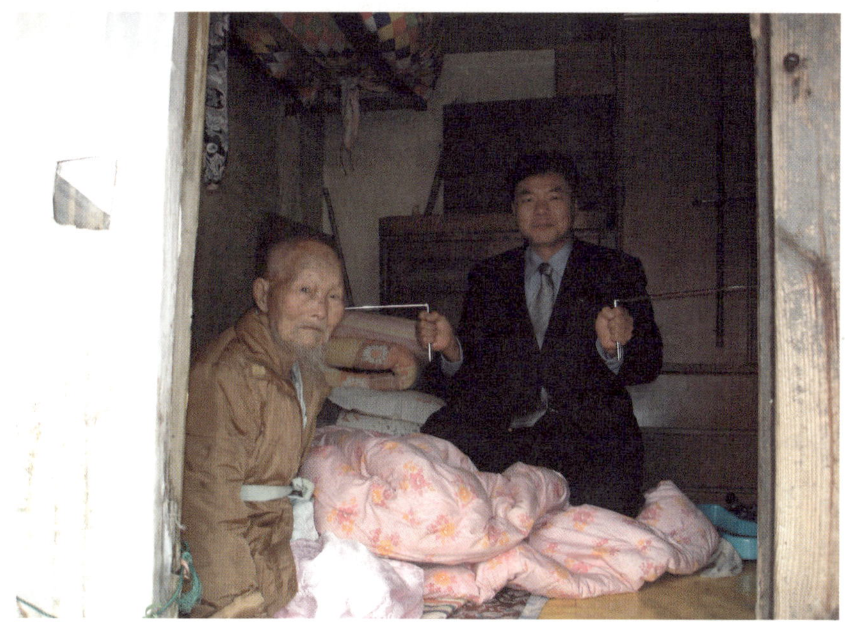

〈임종철(101세)님 방〉

주무시는 방이 전체에 음기가 전혀 없고 양기가 강한 명당

전남 구례군에 사시는 이우임님은 90세로 장수하시는 분이다. 이 분의 마당과
주무시는 방안을 조사한 결과 양기가 가득했다. 장수하는 명당에 거주하고 계셨
다.

〈이우임(90세)님 자택〉
자택 마당, 방 모두 양기가 가득한 명당

〈이우임(90세)님 방〉

김화유님 자택

고 김화유님은 106세로 장수하시고 편안하게 돌아가신 분(2005년)이다. 이 분이 생전에 거주하신 전남 구례군에 있는 주택은 외관상 허술하고 오래된 슬레이트 주택으로 겉이 초라하고 누추하다.

그러나 집 방안이나 주위 전체가 양기가 가득하다. 이런 곳이 장수하는 명당 터이며 김화유님은 이 양기로 오래 장수하셨다.

〈고 김화유(106세)님 자택〉

집은 초라하고 누추하나 집 전체가 양기가 가득한 명당. 2005년 106세로 별세하신 김화유님 집터

김화유님과 같은 동네에 사시는 이맹순님은 올해 90세로 장수하시는 분이다. 이 분이 주무시고 기거하는 방은 집 한쪽 옆 사랑채이다. 방안은 물론 마당 모두 양기가 가득한 명당이다.

〈이맹순(90세)님 자택〉

〈이맹순(90세)님 방〉
자택 마당, 방 모두 양기가 가득한 명당
방안이 집의 구석이라 창이 없고 환기가 잘 되지 않
는 곳이고 난방비 때문에 온도를 많이 높이지 못하
나 방 전체가 양기가 강한 명당

전남 담양군에 사시는 임복순님은 장수하시는 분으로 올해 101세이시다. 100세가 넘으셨는데도 아직 건강이 좋으시고 정정하시다.

임복순님이 주무시는 방과 마당, 집 전체에는 양기가 가득하다. 장수하는 명당터에 계신 것이 장수하는 비결이다.

〈임복순(101세)님 자택〉
마당, 방, 집 전체가 양기가 가득한 명당. 무병장수의 근본원인은 강한 양기이다.

〈임복순(101세)님 자택〉
마당, 방, 집 전체가 양기가 가득한 명당

〈임복순(101세)님 방〉
잠자는 방에 양기가 강하면 무병장수한다.

정일대님 자택

정일대님은 97세로 장수하는 분이다. 기거하는 전남 담양군의 주택은 오래되어 허술하지만 지기학상 앉고 잠자는 자리에는 음기가 한 줄도 없고 양기가 가득한 명당이다.

실제 정일대님은 혈색이 좋으며 인상이 아이처럼 선하고 수족이 따뜻하며 현재도 건강하신 분이다. 이 분이 장수하는 근본원인은 기거하시는 집의 양기 때문이다.

〈정일대(97세)님 자택〉
마당, 방, 집 전체가 양기가 가득한 명당

〈정일대(97세)님 방 1〉

〈정일대(97세)님 방 2〉

잠자는 방이 양기가 강하면 얼굴색이 붉고 건강하며, 수족이 따뜻하고 뒷머리 주요 경맥, 어깨가
굳어 있지 않고 표정이 아이처럼 부드럽다.

고 유귀례님 자택

고 유귀례님은 99세가 되던 2005년에 별세하셨다. 고인이 기거하던 전북 순창 군에 있는 주택의 방에는 큰아들 내외분이 현재 기거하고 있다. 주택을 조사한 결과 집 마당과 방안이 양기로 가득 채워진 장수하는 명당이다.

유귀례님 별세 이후 현재 이 방은 큰아들 내외분이 기거하고 있으며 이들 역시 건강하고 혈색이 좋다.

〈고 유귀례(99세)님 자택〉
2005년 99세로 별세하신 유귀례님의 자택 마당, 방, 집 전체가 양기가 가득한 장수하는 명당
유귀례님이 별세하신 후 현재 장남 내외분이 기거하고 있다.

〈고 유귀례(99세)님 방〉
침실이 양기가 가득한 명당

신계순님 자택

전남 담양군에 사는 신계순님은 현재 101세이다.

〈신계순님 자택〉
양기 노출(명당)

〈신계순님 자택〉

101세로 별세하신 신계순님의 자택 마당, 방, 집 전체가 양기가 가득한 장수하는 명당

__ '장수비법'은 따로 있다(명당 터편)

따뜻한 양기가 올라오는 명당은 양기 기운으로 사람이 장수함은 물론 식물도 병 없이 잘 자란다. 동물이나 어류도 마찬가지이다. 이처럼 양기가 올라오는 명당은 모든 생물에게 좋은 영향을 미치고 사람에게는 장수하게 한다.

전북 장수군 천천면 봉덕리 봉덕마을 회관

〈전북 장수군 천천면 봉덕리 봉덕마을 회관〉
회관 전체가 양기가 가득한 명당

〈전북 장수군 천천면 봉덕리 봉덕마을 회관〉
마을회관에서 필자가 손으로 양기 · 음기를 감정하는 장면

한진수님 태어나 자란 터

한진수님은 행정고시에 패스하고 중앙 공직에 있는 분이다. 이 분이 자란 터(전북 장수군 천천면)는 마당과 방안 전체가 양기가 가득한 명당이다.

이 같은 명당 터에서 태어나 자라고 공부하면 태어날 때부터 유전자 중 우성 유전인자가 활성화되어 지각이 열리게 되고 지혜가 샘솟는다. 따라서 고시에 패스하고 큰 인물이 되는 경우가 대부분이다. 그 형제분들 역시 금융계 고위직에 근무하고 있는 것으로 확인됐다.

〈한진수님 자택〉

〈한진수님 자택〉

집안 전체가 양기가 가득한 명당 터에서 나서 자라고 공부하면 한진수씨처럼 고시패스도 하고
형제분들이 은행간부 등으로 입신·성공한다.

명당 터

〈명당(양기 방출)〉

〈명당. 땅에서 양기 방출〉

따뜻한 양기와 지기가 방출되는 명당 터. 필자가 손바닥으로 지기를 감정하는 장면

___ '장수비법'은 따로 있다(환자편)

박서연님 자택

박서연님은 44세로 서울 서초구 양재동에 소재한 빌라 4층 403호에 거주하는 분이다. 저자가 감정 당시 유방암 2기 진단을 받은 상태였다. 삼성의료원에서 오른쪽 유방 절개 및 암 제거 수술을 받고 항암제를 복용한 지 1년 6개월 경과했다.

이 분은 얼굴색이 창백하고 수족이 차며 하루에 여러 번 팔과 다리가 저려 어머님이 항상 곁에서 간호해야 될 정도로 암 수술 후유증으로 고생했다.

거주하는 빌라에 들어서자 입구에서부터 거실, 식탁, 화장실, 침실, 안방, 건너방, 베란다 등 집안 전체가 음기가 가득했다.

이처럼 음기가 있는 방에서 8년 이상 잠을 자고 생활할 경우 태어날 때 부모 조상으로부터 물려받은 DNA(유전인자) 중 열성 유전인자(병적 유전인자)가 활성화된다.

반면 우성 유전인자(건강한 세포)가 억제되어 암이 발병하고 이런 음기가 심한 방에서 수술 후 계속 잠을 자고 생활할 경우 혈색이 창백해지고 체온이 떨어져 수족이 차며 회복이 되지 않고 암이 재발할 가능성이 조사결과 많다고 생각된다.

박서연님은 현재 저자가 개발한 음기차단 천연양기 방출제품을 사용한 후(2005년 10월 15일부터 2006년 6월 현재까지) 8개월 경과한 현재 얼굴색이 장수하는 분과 같이 붉고 좋아졌으며 수족이 건강한 사람처럼 따뜻해졌다. 현재는 명당지기협회 이사로 건강하게 재직하고 있다.

〈박서연님 자택 현관(처리 전)〉
입구에서 음기가 방출되는 장면

〈박서연님 자택 현관(처리 후)〉
양명기석 처방 후 – 집안의 양기가 있으면 입구가 열림
음기가 강하면 현관과 안방 문앞의 재문이 닫혀 있고 나가는 재문이 열려 가난하나
양명기석으로 출입구 안쪽 양옆을 설치해 재문이 열리는 장면

<박서연님 방(처리 전)>
음기가 강한 방에서 수년 간 잠자고 생활하면 암에 걸린다.

<박서연님 방(처리 후)>
양명기석 처방 후—양기가 나오는 명당으로 바뀐 장면
음기가 강한 방에 양명기석으로 처방한 후 바로 양기가 강한 명당으로 바뀐 장면

〈박서연님 주방(처리 전)〉
원래 상태 ― 음기에 노출된 식탁 장면

〈박서연님 주방(처리 후)〉
양명기석 처방 후 ― 식탁, 의자에서 양기가 나오는 장면

〈김선모(67세, 하반신 마비)님 자택〉

마당, 방, 집 전체가 음기에 노출되어 환자가 생기고 집에 우환이 생김

〈김선모님 방〉

잠자는 방이 음기가 강하면 얼굴이 창백해지고 수족이 차고 병에 걸린다.

〈한을석(중풍), 오복임(작고)님 자택 1〉
집안에 음기가 강하면 대문 입구가 닫힘

〈한을석(중풍), 오복임(작고)님 자택 2〉

<박점이(57세, 대장암 수술 3회)님 자택>
자택 입구 및 현관 음기 노출

<박점이(57세, 대장암 수술 3회)님 방>
음기가 노출된 대장암 환자가 잠자고 거처하는 방

〈황금례(68세, 고혈압)님 방〉
원래 상태-음기 노출

〈황금례(68세, 고혈압)님 방〉
양명기석 처리 후-양기 가득한 명당으로 바뀐 장면
처방한 후 10일 경과 후부터 얼굴색이 건강해지고 수족이 따뜻해지며 병이 낫고 몸이 건강해졌다.

〈정두수(68세, 위암)님 자택〉
병원에 입원 중인 위암 환자 자택－음기 노출

황금순님 자택

경기도 하남시에 사는 황금순님은 36세로 현재 아파트 7층에 거주하고 있다. 이 분이 거주하는 방안과 앉아 있는 거실, 소파 자리, 아이들 방 등 전체가 양기가 전혀 없다.

음기가 집안 전체에 심하게 있는 상태였으며 혈색이 창백하고 수족이 차며 자궁암 수술 후 1년이 경과한 분으로 건강이 좋지 않았다.

〈황금순님 아파트 동 입구〉

〈황금순님 아파트 동 입구〉
원래 상태—음기 노출

〈황금순님 아파트 현관 입구〉

아파트 동 입구부터 현관 입구까지 음기에 노출되어 있다.

〈황금순님 아파트 현관 입구〉

양명기석 처방 후—양기 가득

〈황금순님 자택 안방 1〉

거실 및 방이 음기에 노출되어 있는 상태. 잠자는 방의 음기가 강하면 암에 걸릴 가능성이 많아진다.

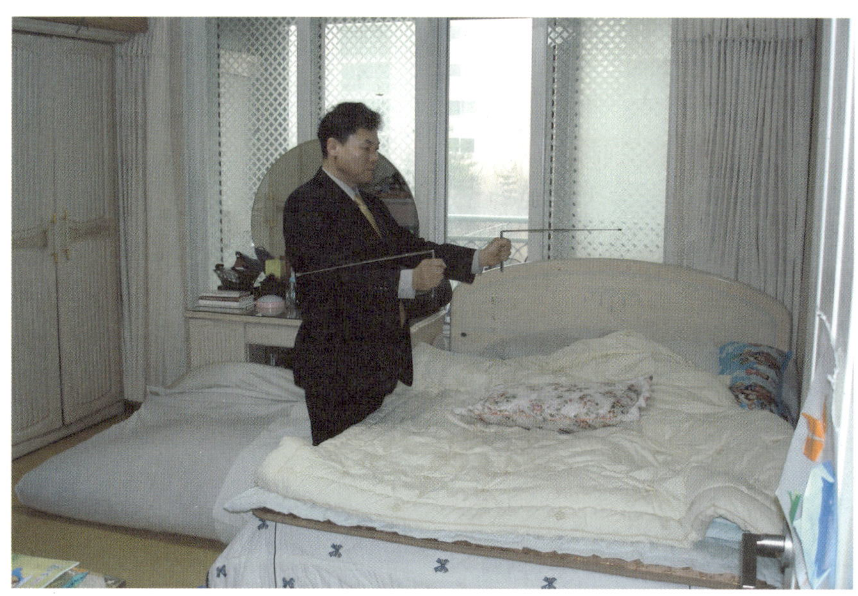

〈황금순님 자택 안방 2〉

양명기석 처리 후—양기 가득

지기는 수십 층 고층에도 층마다 집마다 각기 다르게 1층과 똑같이 영향을 미친다.

〈황금순님 자택 자녀방〉

〈황금순님 자택 자녀방〉

음기 노출. 자녀방에 음기가 강하면 아이 얼굴에 핏기가 없어지고 수족이 차며, 병이 오고 성격이 우울하고
날카로워져 집중력은 물론 학업성적이 현저하게 떨어진다.

윤점숙님 자택

　윤점숙님은 양기가 가득한 사랑채의 방에서 거주하시며 101세로 장수하시는 임종철님 며느리로 임종철님과 한 집에서 같은 물, 같은 음식을 먹고 같이 생활하고 있다. 그러나 윤점숙씨가 거주하는 집 몸체와 방은 음기가 심하고 양기가 전혀 없다. 이런 방에서 남편과 함께 10년 이상을 생활해 왔다.

　윤점숙님은 안색이 창백하고 병 때문에 얼굴이 굳어져 있으며 수족이 차다. 현재 갑상선 등 병으로 고생을 하며 남편 역시 간암으로 고생하고 있다. 이처럼 병에 걸리는 근본원인은 다른 원인도 있겠지만 무엇보다 큰 비중을 차지하는 것은 양기와 음기가 장수와 질병의 원인이 된다는 게 저자가 연구하고 조사한 결과이다.

〈임종철님 자부 윤점숙(57세, 갑상선 3회 수술)님 방〉

임종철님의 자택은 집마당과 어른의 방주가 명당이나, 한 집안이라 하더라도 큰자재 임병현(59세)씨와 자부 윤점숙(57세)씨가 기거하는 몸체 방은 음기가 가득한 방이라 간암, 갑상선 등 병이 오는 흉지이다. 따라서 같은 물과 음식, 공기를 마셔도 잠자고 앉아 있는 방이 양기가 많은 명당이면 100세 이상 장수하고, 잠자리가 음기가 가득하면 암에 걸리고 병이 오는 흉지이며, 이 세 가지 중 무엇보다 건강의 첫째는 터이다.

〈임종철님 자부 윤점숙(57세, 갑상선 3회 수술)님 방〉

갑상선 등 5회 수술 후 고생하던 음기가 많은 방을 양명기석으로 처방 후 양기가 가득하고 장수하는
명당으로 바뀐 상태의 모습

___ '장수비법'은 따로 있다(흉지편)

조선 영조시대 삼수부사 유이주 자택

〈전남 구례군 조선 영조시대 삼수부사 유이주 자택〉
5대째 벼슬을 한 명당으로 알려진 터.
마당에 가로 5줄, 세로 11줄의 가는 음기가 올라오는 데 현 장손, 장손 조부, 증조부 산소 감정결과
음기에 노출되어 후손의 기가 쇠해진 상태

〈전남 구례군 조선 영조시대 삼수부사 유이주 자택〉
양기 노출(명당)

〈전남 구례군 조선 영조시대 삼수부사 유이주 자택〉
양기 노출(명당). 마당에 가로세로로 음기가 여러 줄 노출되어 세월이 경과하면서
집터 양기 기운이 쇠해지고 점차 집안이 기울어지는 터

일반 흉지

〈흉지에서 음기가 노출되는 장면〉
흉지-콘크리트 균열

〈흉지에서 음기가 노출되는 장면〉
흉지-음기 방출
필자가 손바닥으로 음기를 감지하는 장면

<흉지에서 음기가 노출되는 장면>
터가 음기가 있는 흉지로 눈에 보이지 않지만 지기(음기, 냉기, 유해파장)가 음기로 다량 방출되어
콘크리트가 균열이 가고 건물에도 균열이 생긴다.

__ '장수비법'은 따로 있다(산소편)

명당

명당은 흉지와 정반대의 영향이 나타난다. 예컨대 산소 봉분 혈자리에 음기가 없고 양기가 가득한 곳은 혼백이 편안하다. 따라서 후손이 발복하여 건강하고 성공하게 한다. 이는 영기가 작용해 영향을 미치기 때문이다.

〈전북 장수군 천천면 봉덕리 봉덕이장 선산〉
봉덕이장 댁 선산 중 묘자리로 사용할 명당자리 선정 장면
기존의 관산법상 배산임수가 없이 평범한 밭 가운데라도 양기가 강하면 혼백이 편하여 후손이 발복하는 명당

흉지

산소 봉분 혈자리에 음기가 심할 경우 혼백이 음기 때문에 편하지 못하게 된다. 이 영향은 직계 및 후손에게 미친다.

이 같은 경우 직계 및 후손들에게는 몸이 상하거나 우환이 온다. 재물이 들어오지 못해 망하는 음기가 심한 집으로 이사를 해서 사는 현상도 발생한다. 후손이 좋지 않다.

〈전북 남원 함영오씨 문중묘 중〉
원래가 명당 혈에 자리잡은 명당 산소

〈전북 남원 함영오씨 문중묘 중〉
음기가 강한 흉지 감정 장면

〈전북 남원 함영오씨 문중묘 중〉
음기가 강한 흉지를 산소 훼손없이 양명기석으로 처방하여 명당으로 바뀐 장면

〈전북 장수군 천천면 봉덕리 묘〉
봉분 및 묘 주위가 음기에 노출

〈전북 장수군 천천면 봉덕리 묘〉
양명기석 처리 후―양기 노출(명당)

〈공원묘지〉

음기 노출. 흉지

〈공원묘지〉

양명기석 처리 후 – 양기 방출. 명당

__ '장수비법'은 따로 있다(화장편)

흔히 세간에서는 화장할 경우 무해무탈(無害無脫)하다고 생각하는 사람들이 많이 있다. 그러나 이는 위험천만한 생각이다.

저자가 생각할 때 화장과 생장의 차이는 사람은 죽으면 체(體)와 백(魄)으로 분류하는데 여기서 체는 살아 있을 때 의미가 있고 죽으면 시신에 불과하다.

따라서 안장하는 경우 남아 있는 음식물의 영향으로 장기가 제일 먼저 부패하여 썩게 되고 이 영향으로 벌레가 생겨 살은 벌레가 먹고, 뼈는 공기와 수분의 영향으로 부식되어 진토되므로 의미가 없다.

결국 화장과 생장의 차이는 의미가 없는 시신을 그냥 원래 상태로 땅속에 파묻는 것과 1200℃에 굽는 것만 다를 뿐이다. 다시 말해, 의미가 없는 시신을 그냥 땅에 묻거나 1200℃ 열에 구우나 중요한 혼백은 사라지지 않는다.

이 이치로 볼 때 화장을 해도 반드시 고인의 유골을 양기가 가득한 명당이나 납골당, 납골묘에 잘 보관하고 정성으로 모셔야만 혼백이 편안하며 영기가 작용하여 후손이 건강하고 부자가 되며 큰 인물이 난다.

실례로 조상의 유골을 화장해 산이나 강에 뿌린 분 중에서 장·차관이나 재벌 또는 대통령 등 큰 인물이 난 사람은 조사 결과 없었다.

〈가족납골묘 24위〉

한 가족 조상 전체의 화장한 유골을 모신 납골묘가 음기가 강하면 집안이 패망한다.

〈가족납골묘 24위〉

음기가 강한 흉지에 설치된 가족납골묘를 양명기석 유골함에 모신 후 명당으로 바뀐 장면

〈가족납골묘 24위〉

양기 강함—명당

〈가족납골묘 24위〉

음기 노출. 흉지

〈일산 납골당〉
음기 노출—흉지. 화장하여도 반드시 조상의 유분을 양기가 강한 명당에 모셔야 한다.

〈일산 납골당〉
양명기석 유골함 안치 후—양기 가득

제7장 부록

음기를 양기로 바꾸는 법 : 행복하게 사는 비결

__지기는 명당 · 흉지를 결정짓는 원인

지구 창조 이래로 땅속에서 사람의 눈에 보이지 않고, 냄새도 없고, 소리도 없으며 만져지지 않는 무형의 기운이 땅위로 방출되어 올라오는 것이 있었다. 이 기운은 수천 년이 지난 현재에도 무형의 존재로 올라오고 있다.

땅속에서 올라오는 기운은 일반 사람들의 오감(五感)으로는 감지할 수 없는 것이었다. 때문에 수천 년 동안 주역을 비롯, 전세계 그 어떤 백가서에도 지기가 어떤 것이고 인체 및 인류에 어떻게 영향을 미치는 것인가를 정의하거나 안내한 것이 없었다.

다만 오직 눈에 보이고 오감으로 감지할 수 있는 실존하는 빛에 그 비중을 두어 해와 달, 하늘과 땅의 이치인 만물을 음양으로 구분지어 왔다.

이러한 현상은 동서양을 막론하고 전세계 인류의 그 어떤 종교계, 철학계, 의학계, 과학계 등 모든 분야에서 연구 종사하는 전문가들조차 하늘에서 내려오는 기운을 천기의 조화라고 여겼다.

또한 인간의 생노병사(生老病死)와 길흉화복(吉凶禍福)의 비밀열쇠를 풀고자 했다. 이 시간에도 뜻있는 전세계 수많은 분들이 입산수도(入山修道) 또는 고행(苦行)을 하고 있을 것이라고 저자는 생각한다.

__지기를 유익하게 활용한 실사례

저자는 이미 수천 년 전부터 현재에 이르기까지 종교계나 각 분야에서 수행을 정진하신 많은 분들이 지기를 감각으로 감지, 그 기운을 일생에 활용해 유익하게 이용해온 사례들을 연구 끝에 발견할 수 있었다.

그 실례로 꼽을 수 있는 첫째는 이조 창건 전 무학대사는 지기를 알았다는 점이다. 사람이 사는 터 중 임금이 나는 터가 따로 있고 범인이 나는 터가 따로 있다.

무학대사는 이성계 부친으로 하여금 땅에서 올라오는 지기에 양기가 가득해 후손이 임금이 나는 터를 찾아서 정해주어 바로 그 터에 이성계 선친이 집을 짓게 되어 후손을 낳았다. 바로 그 터에서 태어나 자란 이성계가 조선의 초대 임금이 됐다.

둘째 실례는 삼각산 도선사에 고 박정희 전 대통령을 비롯 육영수 여사, 정주영 현대그룹 창업주 영정과 위패를 봉안한 불전이나 다른 전각들이 모두 양기가 가득한 곳에 세워져 있다. 인사동 조계사 불전 전각 내부 역시 모두 양기가 가득한 명당에 자리잡고 있다.

셋째는 영락교회 성전이 양기가 가득한 명당에 자리하고 있다는 점이다.

넷째, 여의도 순복음교회의 성전이 들어선 자리는 음기가 없고 양기가 가득한 명당에 위치한 것을 보아도 지기를 감지하고 이용한 사례임을 알 수 있다.

따라서 저자는 눈에 보이지 않는 지기를 이렇게 정의하고 싶다.

세상 만물이 공기의 조화 속에 살고 있다. 이 공기는 눈에 보이지 않지만 하늘에서 내려온 천기와 땅속에서 올라오는 지기가 공기 중에서 사람을 통하여 서로 합해 가칭 양기(생기), 음기(사기)로 완성이 된다.

일(日)·월(月)·성(星)을 제외한 세상은 사람을 포함해 생명이 있는 모든 동·식물, 어류, 곤충 등 삼라만상(森羅萬象)이 땅에 그 뿌리를 두고 살아가고 생명을 유지하며 그 근본은 '지기'다.

따라서 지기가 올라오는 그곳이 양기와 음기를 결정짓는 자리이다. 그 지기가 공기 중에서 사람을 통하여 천기와 만나 결정된 양기와 음기의 그 자리는 10년 또는 100년, 1000년이 가도 불변이다. 바로 이 원리가 명당과 흉지를 결정짓는 원인이라고 정의한다.

__대통령이 되는 조건

양기가 집 전체에 가득하다

평범하게 태어난 사람이 한 나라를 통치하는 대통령이 되는 조건은 무엇일까.

양기가 집안 전체에 가득히 올라오는 터에서 태어나야 하는 것이 첫째 조건이다. 이렇게 후손이 대통령이 나는 터에서 살며, 자식을 생산하기 위해서는 그 부모가 조상을 극진히 봉양해 조상의 음덕이 미치도록 효(孝)를 행해야 한다.

또한 밖으로 다른 사람들에게 많이 베풀어 그 덕이 큰 사람이 사후에 양기가 강한, 후손이 대통령 나는 자리에 묻히게 되어야 한다.

그 영향으로 양기가 강한 명당에 조상을 모시게 되면 양기 영향으로 혼백이 편하게 되고 그 영기가 후손으로 하여금 양기가 가득한 명당 집으로 이사 및 집을 짓게 하고 또 살게 한다.

이 영향으로 양기가 가득한 대통령이 나는 집으로 이사를 해서 살게 하여, 이 양기의 영향이 태어날 때부터 그 후손 중에 큰 인물이 되는 사주에 있는 후손으로 하여금 우성 유전인자를 활성화하게 만든다.

유전인자 활성화로 그 부모 조상의 지혜와 용기와 세상을 바르게 보고, 듣고, 생각하게 하며 입에서 지혜와 정의와 용기의 말을 하게 한다.

따라서 어떤 어려움이나 난관이 있어도 이를 극복하고 이겨서 수많은 사람들을 그의 지지자로 삼게 되므로 한 나라를 다스리는 대통령이 되게 된다.

양기 가득한 명당에서 생활한다

결국 대통령은 그냥 우연히 운이 좋아서 되는 것이 아니다. 그 부모가 대통령이 나는 양기가 강한 명당에서 낳아야 하며, 부모님 사후에 두 분을 후손이 대통령 나는 지기가 양기로 가득한 명당에 모셔야 한다.

또한 본인이 대통령이 되는 집, 양기가 강한 명당에 살아야 대통령이 될 수 있다. 대통령은 하늘이 지기를 통해 내린 인물이기 때문이다.

저자가 이렇게 주장하는 것은 기존의 풍수 또는 지리학자 분들의 막연한 생각이나 관산법으로 본 개인의 외관상 주장에 의한 것이 아니다. 직접 전국을 돌아다니며 지기를 통해 감정한 결과이다.

감정한 결과, 역대 대통령 아홉 분의 부모님 산소 중 단 한 분도 예외 없이 봉분 혈자리가 음기가 한 줄도 없고 양기가 가득한 곳에 봉분(혈)이 좌정되어 있었다. 식물이나 활개나 그 부수적인 것은 전혀 영향을 미치지 않는 것을 직접 확인도 했다.

태어난 생가 역시 아홉 분 전원이 단 한 분도 예외 없이 음기가 없고 마당, 집 몸체, 방안 등 양기가 강하게 올라오는 곳에서 태어나 자랐으며 양기가 강한 명당 집에서 대통령이 된 것을 직접 확인 조사했다.

검증한 결과를 바탕으로 하는 것이므로 그 어떤 분이라도 이를 확인코자 한다면 한시라도 명쾌하게 확인을 시켜 드릴 수 있다.

차기 후보들의 행보

저자가 계속 강조하는 것은 대통령이 되기 위해서는 생가와 부모님 산소, 대통령이 되기 전 사는 집이 음기가 없고 양기로만 가득한 지기가 명당인 곳으로 이 조건을 갖추어야 한다는 점이다. 다시 말해 지기를 통해 하늘이 내려야 대통령이 될 수 있다.

현재 거론되고 있는 대선 후보들 중 저자가 조사한 결과 이 조건에 부합하지 않는 분들이 있는 반면 이 조건에 부합하는 분도 계시다. 이는 하늘의 뜻이라고 저자는 생각한다.

가령 2007년에 같은 조건의 사람이 저자의 조사를 통해 더 출현한다면 이는 먼저 조사된 분이나 나중에 조사된 분 모두 대통령이 되는 것은 명확하다고 할 수 있다. 다만 누가 먼저이고 누가 나중이냐 그 차이일 뿐이다.

따라서 앞서 언급한 바와 같이 대통령은 태어날 때부터 하늘이 내린 것이므로 안 되신 분들도 결정된 이후에는 되신 분을 도와 국가 발전에 협력하는 것이 국민된 도리라고 감히 충언하고 싶다.

예전에 선현들께서는 "임금은 천운이 닿아야 하고 큰 재물도 하늘이 내린다"고 말씀하셨다. 저자가 전국에 계시는 역대 대통령들의 생가, 부모님 산소, 저택 터 지기를 조사한 결과 그 말씀이 옳았다. 하늘이 지기를 통해 대통령을 내렸다는 사실을 직접 확인도 했다.

__재벌이 되는 조건

큰 부자 되는 조건

이번에는 재벌(큰 부자)이 되는 조건에 대해 말씀드리고자 한다.

재벌이 되기 위해서는 우선 그 부모님 산소가 대통령과 같이 봉분 혈자리에는 음기가 없고 양기가 가득한 곳에 모셔져 있어야 한다. 이때 좌향이나 활개, 석물과는 무관함이 확인됐다.

또한 생가 터의 경우 집안 전체가 마당, 몸체, 방, 마루 등 구석구석에서 양기가 가득한 곳에서 태어나야 한다. 다만 집 몸체와 마당 사이에 돈줄이 한 줄 지나간 터에서 태어난 점이 대통령과 다른 점이다.

셋째는 사는 집터가 대문 입구와 집 현관, 안방 입구에 양기가 강해 돈이 들어가는 재문이 열려 있고 나가는 재문이 닫힌 집에서 살고 있어야 한다. 실제 단 한 분도 예외 없이 몸체와 마당 사이에 돈줄이 지나간 집에서 살고 있는 것을 확인했다.

넷째는 사업장 터가 재벌의 조건에 필수적이다. 현관 출입구부터 내부까지 양기가 가득한 명당 터에 자리를 잡아야 하는 일마다 돈 벌고 재산을 모아 성공하게 된다.

양기 가득한 곳은 다르다

이처럼 태어날 때부터 양기(생기)가 가득한 곳에서 태어나면 우성 유전인자가 활성화되어 부모나 조상 덕으로 바르고 정의롭고, 근면하며 지혜와 용기 있는 면이 활성화되어진다.

이 영향으로 많이 배우지 않아도 큰 지혜가 열리고, 어떤 위기와 난관이 닥쳐와도 능히 헤쳐 나갈 수 있게 된다.

아울러 생각하고 움직이는 모든 것이 돈을 버는 쪽으로 긍정적으로 행하게 되고 재물을 모으며 많은 사람들로부터 존경을 받는다.

바로 이것은 조상 산소 터, 생가, 집터의 양기의 영향으로 재문이 열려 있는 곳에 사업장을 정해 성공하는 셈이다.

따라서 큰 기업을 일으킨 큰 부자는 하늘이 내린 분으로 생각과 행동이 바른 분들이라고 할 수 있다. 이 분들은 남이 겪지 못한 위기와 난관을 극복하며 엄청난 노력 끝에 부자가 됐다.

이를 시기하거나 질투의 시선으로 보지 말고 국가 경제를 위해서나 가정 경제를 위해 존경하고 대접해야 한다는 게 저자의 생각이다.

세간에 큰 기업으로 성공했다가 부도나 구속이나 실패한 기업을 보자. 저자가 지기를 통해 한국명당지기협회 회원들과 조사한 결과에 따르면 사옥과 집터가 한 곳도 예외 없이 음기(사기)가 강한 곳에 살고 있고 본사 사옥 터 역시 음기가 강한 곳에 자리하고 있었다.

이 음기는 열성 유전인자를 활성화시켜 생각하고, 듣고, 보고, 말하는 것이 사람으로 하여금 바르지 못하고 우울하게 하고 의심하게 하고 노력하지 않고 잔재주를 부리며 부정적으로 행하게 하여 결과가 좋지 않게 된다. 이것이 곧 세상의 이치이다.

___재벌을 유지시키는 방법

먼저 우리나라 재벌 회장님 관련 터를 지기를 통해 조사하면서 아쉽고 안타까운 일이 있었다는 것을 밝히고 싶다. 앞으로 10년 후 대한민국의 국가 경제를 걱정하지 않을 수 없고 염려스러운 마음이 든다.

때문에 실명을 거론하여 피력하고자 하며 이 같은 저자의 간절한 마음을 관계자나 독자들이 이해를 해주길 바란다.

아울러 향후 관계자들이 요청할 때는 저자가 지적하는 문제점들을 보완만 한다면 그 기업이 세계적인 기업으로 발전하여 국가경제에 기여하며, 국민들의 존경을 받을 것이라고 확신한다.

삼성그룹

삼성그룹은 이건희 회장님이 이전에 살았던 자택은 음기가 있었다. 이로 인해 몸이 다치고 재문이 닫혀 있어 기업이 발전하기보다는 쇄하여질 수 있다.

현재 거주하는 새 저택 역시, 음기가 강하고 재문이 닫혀 있다. 이 같은 경우 기업이 발전할 수 없고, 우환이 올 수 있다.

서울 서초동으로 이전하기 위해 신축중인 사옥에도 일부는 음기가 강해 결과가 좋지 않을 수 있는 터이다. 이 원인은 이병철 회장 산소 터가 음기가 강한 터인 것이 원인이다.

따라서 반드시 산소 터와 저택, 사옥 터를 정밀 감정하여 처방 내지는 이전해야 앞으로 기업이 더 발전할 것이며 하늘이 내린 귀한 분들의 가족도 평안할 수 있다고 확신한다.

현대그룹

현대그룹 역시 정몽구 현대기아차 회장님과 고 정몽헌 회장님 등 일가 분들의 저택 및 사옥 터에 음기가 강하다.

재문이 닫히고 몸이 상하는 터의 원인은 정주영 회장님의 산소 터가 음기가 있는 곳에 모셔져 있기 때문이다. 따라서 이 역시 국가경제와 하늘이 내린 귀한 분들의 일가를 위해 조치해야 한다.

SK그룹

SK그룹 역시 최태원 회장님 저택 및 사옥 터가 음기가 있다. 그 이유는 최종현 회장님을 화장한 유분을 모신 납골묘 터가 음기가 강한데서 기인하고 있다.

이 역시 국가경제와 하늘이 내린 귀한 분들의 일가의 안위를 위해 조치해야 할 것으로 생각된다.

화장해도 명당에 모셔야 하는 이유

세간에서는 간혹 화장하면 무해·무탈하다고 주장하고 계시는 분들이 있다. 이 분들께 충언을 하고 싶다.

앞서도 얘기했지만 사람은 죽으면 체(體)와 백(魄)으로 나뉘어진다. 체는 살아 있을 때 의미가 있고, 사후에는 백이 중요하다.

다만 화장과 생장의 차이는 의미가 없는 체(시신)를 그냥 땅에 모시는 것과 체를 1,200℃에서 굽는 것일 뿐이다.

결국 생장하나 화장하나 혼백은 존재하는 것이고 생전의 몸에 해당하는 체에 기거한다. 때문에 화장을 해도 반드시 유분을 양기가 강한 명당에 모셔야 후손이 대통령이나 재벌이 되고 인물이 날 수 있다.

두 번 세 번 얘기해도 지나치지 않는 부분이 이 부분이다. 그래서 또다시 한 번 더 강조한다.

지금까지 조상이나 형제를 화장해 산이나 강에 뿌린 사람의 후손이 대통령이나 재벌이 되고, 총리나 장관 등 큰 인물이 난 사람이 없는 것은 바로 이 같은 이유에 기인한다.

따라서 누구라도 그 유분을 납골당이나 납골묘, 납골탑에 모실 때는 양기가 있는 명당에 모실 것을 충언한다.

__장수하는 조건

사람이 살아가는 데 있어 지기(양기·음기)는 지대한 영향을 미친다. 이 영향은 병들고, 장수하거나 성공과 실패, 가난과 부유함에 근본적인 원인이 된다.

나아가 어머니(산모)의 뱃속에서 잉태되는 순간부터 지기의 영향을 받아 일생의 생로병사와 길흉화복이 결정되며, 귀하고 귀한 삶을 자신도 모르게 운명에 이끌리어 살다가 마감하는 경우가 많다.

실사례로 본 지기의 영향

저자가 연구 조사한 그 실례를 들면

첫째, 불구나 장애아로 태어나거나 사산인 경우 단 한 사람도 예외 없이 산모가 음기가 매우 심한 방에서 임신해서 출산한 경우이다.

둘째, 불임 부부 전원이 침실에는 음기가 심한 곳이었다. 만일 양기가 강한 곳으로 이전하거나 저자가 개발한 양명기석으로 침실을 양기가 강하게 처방할 경우 6개월 이내에 다른 처방 없이 임신을 할 수 있다.

셋째, 양기가 가득한 방에서 태어나 자라며 공부한 아이는 얼굴색이 붉고 건강한 색이며, 수족 및 몸이 따뜻해 병에 걸리지 않는다. 또한 부모의 말을 잘 듣고 성격이 긍정적이며 밝고 공부를 잘해 후에 성공하여 큰 인물이 되거나 사고나 우환이 생기지 않는다.

일례로 수원에 거주하는 엄마가 간호사인 중학교 2학년 학생의 경우 아파트 2

층에 거주하며 그 집으로 이사한 지 8년 경과한 2006년 7월 1일 현재 8년 동안 병원에 가는 일 없이 건강하고 학교에서 항상 1등을 하며, 성격이 밝고 명랑하고 부모의 말을 순종하고 있다.

넷째, 음기가 강한 방에서 태어나 자란 아이는 얼굴색이 창백해 병색이다. 성격도 우울하며 매사에 신경질이 많아 거칠고 난폭하다. 공부는 집중이 되지 않고, 성적이 떨어지며 집밖으로 돌고 나쁜 친구들을 사귀기 쉽다. 직장이나 시험에 떨어지고 실패하는 인생이 된다.

다섯째, 음기가 심한 집의 경우 그 가족 전체가 음기의 영향으로 유전인자 중 우성 유전인자가 억제되고, 열성 유전인자가 활성화된다.

얼굴은 병색으로 창백하고, 수족이 냉해 병이 발병한다. 성격의 경우 우울하고, 거칠고 신경질이 많으며 우환이 오는 때가 많고 하는 일들이 노력해도 잘 풀리지 않고 불행한 삶을 살게 한다.

여섯째, 양기가 강한 집에서 사는 사람은 우성 유전인자가 활성화되어 그 가족이 모두 얼굴색이 붉고 건강하다. 가족간에는 화목하고, 지병이 없으며 가정에 우환이 없다. 각자 하는 일이 잘 되어 성공을 한다.

이것만은 꼭 챙기자!

이처럼 지기는 사람들의 일상에 지대한 영향을 미친다. 그러면 우리가 주의해야 할 것은 무엇일까.

첫째, 부모님 사후 반드시 양기가 강한 명당에 모셔야 한다.

둘째, 사는 집은 양기가 강해 현관 안방문이 드는 재문이 열려 있고 나는 재문이 닫혀 있는 부자가 되는 명당이어야 한다.

셋째, 잠자는 침실 자리가 양기가 강한 곳이어야 병 없이 장수할 수 있다.

넷째, 아이들 방은 문 입구가 양기가 강해야 자녀의 입신의 문이 열리고 각종

시험에 합격해 성공한다. 또한 공부하는 책상 자리는 양기가 많아야 성적이 우수하다. 아울러 잠자리 또한 양기가 많아야 아이들이 건강하게 자란다.

다섯째, 가장이나 가족이 사업을 할 경우에는 반드시 그 사업장에 양기가 강하고 재문이 열려 부자가 되는 명당 터에서 사업을 해야 한다.

그렇게 해야만 실패하지 않고 성공할 수 있으며 재산도 모아 부자가 될 수 있다. 만일 사업장에 음기가 강하면 실패하고 망하게 되므로 이 점을 명심해야 한다.

저자가 연구하고 조사한 결과 전국에 거주하는 중증(암, 중풍, 선천성 장애인, 치매, 당뇨, 고혈압)환자의 7~8년 이상 거주한 집의 방 침실 자리가 음기가 심한 곳이었다.

반면 90세 이상 장수하시는 분들의 경우 단 1명도 예외 없이 100명 전원이 잠자고 생활하는 방이 양기가 강한 곳에서 기거하고 있는 것을 확인했다.

__음기를 양기로 바꾸는 처방

저자와 협회 회원 및 과학계 관계자들은 그 동안 음기를 양기로 바꾸는 처방 소재를 연구하기 위해 노력을 경주해 왔다.

'수맥 차단제'라고 세간에 흔히 얘기하는 동판, 은판을 비롯하여 옥, 맥반석, 게르마늄, 포졸란, 황토, 음이온석, 숯 등을 음기가 강한 곳에 놓고 1200℃로 열을 가해 원적외선, 음이온이 최대로 방출되는 상태에서 수십 차례 조사를 했다.

그러나 이러한 소재는 상온인 상태에서 차며, 양기가 전혀 나오지 않아 음기를 양기로 바꿀 수 없었다.

실제 산 사람의 몸에서 나오는 따뜻한 열, 살아서 움직이는 동물 중 손으로 만져서 따뜻한 열이 있는 그 자체가 양기이다. 살아서 움직이는 동물 중 손으로 만져서 찬 뱀이나 도마뱀, 개구리, 물고기 등은 음기이고 죽은 사람도 음기이다.

음기가 강한 곳에 산 사람을 앉히면 그곳은 시간이 지나 음기가 양기가 강한 명당으로 바뀌고, 다시 사람이 없으면 음기의 원상으로 바뀌는 원리를 발견했다.

저자는 이 원리를 착안, 세상을 구한다는 일념 하나로 음기가 강한 곳에 양기가 강한 명당의 토석을 포크레인으로 파서 덤프에 실어 음기의 장소 위를 2m두께로 성토해 봤다. 그 결과 양기가 강한 명당으로 바뀐 것을 확인했다.

성토한 명당 토석을 체로 쳐서 흙과 돌로 분류한 후 조사하니 그 어떤 흙도 상온인 상태에서 물성이 차 양기가 없었다. 그런데 명당 광석 중에서 손으로 만져 따뜻한 게 있었다. 게다가 사람의 몸보다 강하게 양기가 방출되는 게 아닌가!

저자는 기쁜 마음에 이를 '양명기석' 이라고 명명하고 지난 2005년 4월부터 현재까지 암, 중풍, 치매 등 중환자에게 처방하고 사업장 및 주택, 산소 등에 처방했다.

처방한 지 1개월 이내에 암환자의 혈색이 건강해지고 찬 수족이 따뜻해졌다. 부축해야 거동하는 중풍 중환자가 1개월 만에 혼자서 일어나 거동을 하는 등 100여 명 이상이 1명도 예외 없이 건강을 회복하는 효능을 본 것을 육안으로 확인했다.

저자는 이 같은 양명기석을 향후 자원이 부족한 한국이 전세계 최고 부국이 될 수 있는 귀중한 자원으로 생각되며 국가적인 차원에서 개발 · 보호 · 육성해야 한다고 생각한다.

일부에서는 이를 장삿속이라고 치부할 수 있지만 이 같은 오해 없길 바라며, 수많은 사람들의 행복을 찾아줄 수 있다고 저자는 확신한다.

__지기실험 실례

1. 교통(사망)사고 발생지역

국내 전국의 교통사고 사망 지점 지기조사를 한 결과 한 곳도 예외없이 음기가 강한 도로상에서 사망사고가 발생한다는 점이었다. 이에 대한 대안은 차량 운전석에 양명기석(방석)을 사용하면 운전자가 음기에 영향을 받지 않으므로 사고가 방지된다.

〈도로가 음기에 강하게 노출〉

〈도로가 음기에 강하게 노출〉

2. 식물의 성장과 지기의 영향

식물이나 수목이 자라는 곳의 감정결과 식물이 잘 자라는 위치의 밭은 예외없이 양기가 강한 곳이고, 양기 세기의 정도에 따라 식물의 성장이 비례하였고 음기가 강한 곳은 씨를 뿌려도 떡잎이 기형으로 올라오거나 싹이 터도 자라지 못하고 식물이 죽는다.

이처럼 식물은 면역이 약한 사람(노약자, 어린이, 노인 등)과 같이 생각할 수 있으며, 이 사례로 볼 때 저자가 주장하는 지기(양기, 음기)와 사람의 건강에 미치는 영향에 대한 이론을 과학적으로 증명하는 사례라고 생각한다.

〈양기가 강한 옥수수밭〉

양기가 강한 옥수수밭 식물은 양기가 강하면 잘 자라고 양기가 약하면 잘 자라지 못한다.

〈음기가 강한 옥수수밭〉

식물은 음기가 강하면 성장이 안 되고 병들어 죽는다.

〈물속에서 음기가 나오는 장면〉

〈물속에서 양기가 나오는 장면〉

양기와 음기는 강이나 바다 같은 물속에서도 수맥과 관계없이 땅위와 똑같이 방출되어 올라온다.

※이 사진은 P47에 나온 것으로 너무나 중요한 사진이므로 여기에 다시 수록한다.

양기·음기는 물속에서 뿐만 아니라 고층아파트에도 기존의 수맥이론과는 분명히 다르게 나타난다. 지기는 수직상승하는 것이 아니고 연구조사결과 파형의 기운으로 작용하기 때문에 각층, 각집마다 다르게 작용한다. 지기는 천기와 사람 몸에서 나오는 기운과 함께 상호조화를 이루어 공기 중에서 양기, 음기로 완성된다.

4. 양파재배

〈양파재배 장면〉

〈수돗물〉

일정 기간이 지나면 물이 변질되어 양파가 썩는다.

〈수돗물에 양명기석 포설 후 장면〉

기간이 경과하여도 양명기석에서 방출되는 양기 영향으로 수돗물이 썩지 않고 양파가 잘 자란다.

〈물고기가 양명기석에서 모여노는 장면〉

양명기석을 어항 안에 포설하면 일반 수돗물에 소독하지 않은 상태에서 금붕어를 넣어도 물고기가 잘 살고
산소발생기에서 놀던 금붕어가 양명기석을 쫓아서 모여 노는 장면

저자는 그 동안 현재 각계에서 음기를 양기로 처방하고 있는 동판을 비롯해 수많은 소재를 가지고 음기가 있는 곳에 포설했다. 하지만 그 어떤 것도 음기차단 효과가 없었다.

그런데 양기가 나오는 명당의 토석을 채취해 시험한 결과에서 좋은 결과를 얻었다. 예컨대 명당의 광석 중 열을 가하거나 외부의 조건변화 없이 천연으로 자체 물성이 따뜻하며 양기가 다량 방출되고 음기를 차단시키는 광석을 발견했다.

음기가 강한 곳에 놓고 시험한 결과 그 광석을 포설한 지 1분이 채 지나지 않아 음기가 완전 소멸되면서 따뜻한 양기가 주변을 채워 명당으로 바꾸는 것을 저자와 협회 관계자가 확인하고 기쁜 마음에 춤을 췄다.

저자는 이 광석을 '양명기석' 이라고 명명했다. 아울러 양명기석을 가공해 환자들 및 주택과 사무실에 보급하기 위해 생활용품에 접목해 1년간 암이나 풍 등 중환자에게 시험했다. 수족관 식물재배 등에 적용해 임상실험도 실시했다.

한국건자재연구원에 시험 의뢰한 결과, 2시간 만에 대장균 살균효과 99%, 암모니아·포름알데히드 탈취효과 95%, 원적외선, 음이온 다량방출, 알칼리 효능(필터로 물에 정수시켰을 때 인체에 유익한 무기물 다량 방출) 등 우선 의뢰한 부분만 단일 소재로써 세계에서 가장 우수한 성적을 받았다.

그 외에도 시험을 의뢰한다면 인체에 유익한 수없이 많은 성적이 나올 것이라고 확신한다. 환자들의 인체가 놀라울 정도로 건강하게 변하는 효능을 임상실험 결과 확인도 했다.

이를 협회 차원에서 각 대학이나 병원 측에 연계하여 음기·양기에 관한 동물 임상실험을 실시할 예정이다.

이 실험시에 음기가 강한 군의 동물, 암세포 주입군에 양명기석을 포설시키고 양명기석으로 정수된 물을 먹여 실험을 할 예정에 있다. 이 또한 양기가 가득한 명당에서 장수하는 분들처럼 결과가 반드시 좋게 나올 것이라고 확신한다.

이런 노력을 향후 정부 또는 각계와 연계해 음기·양기에 관한 실험 검증을 지속적으로 할 계획이다. 처방안 또한 저자의 지기에 관한 발견처럼 확실하게 개발해 전세계 사람들의 운명을 바꿀 대발견이 될 수 있도록 노력을 아끼지 않겠다.

현재 저자와 협회가 확인한 양명기석의 음기차단 효과는 다음과 같다.

1. 음기가 강해 주택이나 사무실에 재문이 닫힌 것을 열리게 하는 효능.

2. 음기가 강해 병이 생기는 침실의 음기를 차단하고 양기를 강하게 방출시켜 인체 혈액순환을 촉진시키고 안색을 좋게 하고 수족을 따뜻하게 하여 몸의 경혈 및 뭉친 부위를 부드럽게 풀어주어 건강하게 하는 효능.

3. 음기가 강한 공부방, 사무실 의자에 포설하면 냉기가 없어지고 마음이 편안해지며 집중력이 생겨 공부 및 업무에 능률이 현저하게 개선되는 효능.

4. 산소나 주택 등에 포설하면 마음이 편해지고 우환이나 사고 등이 생기지 않는 효능.

5. 수족관에 포설하면 물고기가 소독 없이 일반 수돗물에서도 활발하게 지내며 산소가 발생되는 곳에서 놀지 않고 양명기석 위에서만 놀며, 물이 6개월 이상 경과해도 썩거나 이물질이 생기지 않는 효능.

6. 수돗물을 담은 용기에 양파나 식물을 재배하면 30일 이상 경과 후 물이 썩고 식물이 썩는데 비해 수돗물에 양명기석을 넣은 용기의 물은 변질되지 않고 식물이 잘 자라는 효능 등 그 외에도 많은 효능.

저자와 협회는 이같이 여섯 가지의 효능을 직접 확인했다. 이처럼 유일하게 양기가 나오는 음기차단처방제를 개발하기 위한 저자의 노력의 결실로 양명기석이 탄생한 것이라고 생각한다.

아울러 돌아가신 어머님과 아버님의 음덕과 하나님의 은혜에 감사 드리며 이 책을 구독하신 독자들이 음기에서 해방되어 건강하게 장수하시고 부유하고 편안한 마음으로 행복한 인생을 사시는 데 일조할 수 있기를 기원한다.

이종두의 **음양지기**

초판 1쇄 인쇄일 | 2006년 7월 25일
초판 1쇄 발행일 | 2006년 8월 5일

지은이 | 이종두(한국명당지기협회 회장)
발행인 | 유창언
발행처 | **이코노믹북스**

출판등록 | 1994년 6월 9일
등록번호 | 제10-991호

주소 | 서울시 마포구 서교동 377-13 성은빌딩 301호
전화 | 335-7353~4
팩스 | 325-4305
E-MAIL | pub95@hanmail.net
         pub95@naver.com

ISBN 89-5775-109-2   03380

값 23,000원

※ 잘못 만들어진 책은 교환해 드립니다.